U0881138

共享经济

缘起+动力+未来

郭泽德◎著

HOW CAN WE
BENEFIT FROM
SHARING ECONOMY

北京联合出版公司
Beijing United Publishing Co.,Ltd.

图书在版编目(CIP)数据

共享经济：缘起+动力+未来/郭泽德著. --北京：北京联合出版公司，2016.6

ISBN 978-7-5502-7914-8

Ⅰ.①共… Ⅱ.①郭… Ⅲ.①商业模式-研究 Ⅳ.①F71

中国版本图书馆CIP数据核字(2016)第129356号

共享经济

项目策划 斯坦威图书 STW
作　　者 郭泽德
责任编辑 张　萌
策划编辑 康瑞锋　马晓娜
封面设计 异一设计

北京联合出版公司出版
(北京市西城区德外大街83号楼9层　100088)
北京中印联印务有限公司印刷　新华书店经销
200千字　710毫米×1000毫米　1/16　16.25印张
2016年6月第1版　2016年6月第1次印刷
ISBN 978-7-5502-7914-8
定价：46.00元

未经许可，不得以任何方式复制或抄袭本书部分或全部内容
版权所有，侵权必究
本书若有质量问题，请与本公司图书销售中心联系调换
纠错热线：010-82561773

SHARING
ECONOMY

前 言

共享经济："互联网+"时代的商业新秩序

继2015年全国两会提出《关于以"互联网+"为驱动，推进我国经济社会创新发展的建议》，使得"互联网+"生态战略上升至国家战略层面高度以后，全国人大代表、腾讯公司董事会主席兼首席执行官马化腾在2016年的全国两会上则重点力挺共享经济。

马化腾在关于共享经济的建议中着重提到了以下三点：共享经济将改变人们的消费观念，使得"闲置就是浪费、使用但不购买"的观念融入人们的日常生活，提高人们生活体验的同时，减少资源浪费；共享经济在中国具有广阔的发展前景，2014年美国共享经济总量在GDP（国内生产总值）总量中的占比为3%，而中国2015年的这一比例为1.59%；共享经济是转换发展的"动力引擎"，随着共享经济的发展，服务业在整个经济中的占比将会进一步提升。

20世纪90年代，随着互联网商业化的发展，共享经济开始萌芽，在线雇佣平台Elance、在线影片租赁平台Netflix等均属于共享经济的原型；进入21世纪，网上汽车租赁公司Zipcar以及P2P（对等网络）网贷平台Zopa等也相继出现，但这一时期整个共享业务的规模仍然较小，而且发展速度缓慢；2008年，全球金融危机爆发后，共享经济迎来了高速成长的时期，Uber（优步）、Airbnb（空中食宿）、WeWork等一批共享经济领域的领军企业在短短几年内发展壮大，跻身全球初创企业估值排行榜前列。

而中国共享经济的发展则稍晚几年。2011 年，短租和 P2P（互联网金融的一种，意思是点对点）两个行业率先发展，途家、陆金所等共享经济企业逐渐起步；2012 年，国内现象级企业的代表滴滴成立；2013 年至 2015 年，中国共享经济的发展进入黄金期，消费者对于共享经济理念已经逐步接受，资本市场对其也极为青睐，因此，与共享经济相关的各个行业，比如：出行、短租、办公、教育、医疗物流、金融等都迅速发展起来，一大批独角兽企业应运而生。

无论在美国还是中国，共享经济之所以能快速发展，是因为其对供给侧和需求侧均有强大的促进作用。从供给侧来看，一方面共享经济能够扩大供给总量，通过将闲置的资源投入社会消费，共享经济模式大大提升了资源利用率；另一方面共享经济能够促进收入的增长，共享经济除作为一种独立的经济形态外，其也可以作为传统经济的补充，提高共享经济参与者的收益。而从需求侧来看，一方面共享经济可以提升消费者的消费能力，由于共享经济模式大大降低了交易的成本，因此消费者的消费能力也相应得以提升；另一方面共享经济有利于培育新的消费增长点，在共享经济模式下，消费者可供选择的范围大为增加，因此总的消费需求也被扩大。

根据相关的统计数据，2013 年，英国共享经济占 GDP 的比例为 1.3%；2014 年，美国共享经济占 GDP 的比例为 3%；而 2015 年中国共享经济的规模也已经达到 1644 亿美元左右，在 GDP 中的占比为 1.59%。与英美等发达国家相比，中国的共享经济对经济整体的拉动作用还有望进一步提升。

由于共享经济采用的是轻资产模式，因此其相比其他经济模式发展速度更快。在全球创业企业的估值排行中，共享经济企业在前二十名中所占的比例超过30%，而共享经济的代表Uber的最新估值更是超过了通用汽车、雅虎、时代华纳、Netflix等知名企业的市值。在中国的共享经济市场中，独角兽企业以及准独角兽企业的数目已经达到几十家，这些企业覆盖了出行、短租、办公、教育、金融等领域，其中出行和金融领域的占比约为1/3。

从中国经济的整体形势来看，2010以后我国GDP的增速明显放缓，传统拉动经济增长的“三驾马车”的角色逐渐淡化，迫切需要新的经济增长引擎的出现；而从共享经济的发展周期来看，中国的共享经济目前仍处于高速增长阶段，而且由于共享经济模式的特殊性，其未来的发展空间十分广阔。因此，在经济新常态下，共享经济将有望建立“互联网+”时代的商业新秩序！

为了帮助相关的从业者对共享经济在各个领域的应用有更加清晰的了解，更好地把握共享经济背景下的创业机遇，本书罗列了共享经济涉及各个领域的典型代表，并对其成功经验进行了剖析。不过，需要说明的是，书中内容为作者本人根据相关资料进行的个人阐述和分析，虽尽可能客观，但难免有不够严谨之处，读者在做出相关投资或创业决定时不可将其视为唯一准绳，应综合权衡以免风险。

SHARING
ECONOMY

目 录

第 1 章

共享交通：“互联网 +”时代，共享经济颠覆传统交通

第一节　Uber：重构城市交通的梦想家

1. Uber：共享经济时代的商业新机遇

近两年，国内拼车市场日趋火爆，当国内的拼车公司在展开激烈角逐的同时，国外的拼车公司也开始将开疆拓土的目光瞄准了中国市场。Uber 作为先锋军，更是逐渐加快了在中国市场跑马圈地的步伐，其版图扩张的速度不仅引起了业内竞争对手的恐慌，同时，其别具一格的商业模式也引起了创业者的广泛关注，并在国内掀起了一股"Uber + 传统行业"的浪潮。

支撑 Uber 模式成功运作的关键是共享经济理念。在共享经济的范畴中，对社会闲散资源进行重组再利用，实现了资源的优化配置，创造了巨大的社会价值。因而这种模式受到了众多创业者以及传统企业的欢迎，成为当前一种备受追捧的商业模式。

随着经济和社会的发展，几乎在各个领域都存在大量的闲置资源，因此围绕这些闲置资源的共享经济就拥有了巨大的开发空间。从目前国内外企业的实践来看，共享经济可以运用于交通、短租、办公、教育、医疗、物流、金融、家政、二手车等领域，提高闲置资源的利用率。

◇服务：　出行之外的价值

对需要乘车的用户而言，Uber 的使用流程大体上可以分为四步：叫车、配对、乘车、支付与评分。而在整个过程的背后还涉及 3 个关键要素：服务、快捷和场景。

其中，场景即触发用户使用应用程序的因素，快捷是使用应用程序出行能够给用户带来的体验，而服务就体现了平台的最终价值。

图：Uber 应用程序的特点

对 Uber 而言，所谓的服务就是可以实现用户随叫随到，而这些服务是在特定的场景中实现的，比如打车或者是围绕衣食住行的各种生活服务等都存在于特定的应用场景中，每一种场景都会有与之相匹配的服务者，因此站在这个角度来看的话，有关衣食住行的每一个细分领域都会有一个“Uber”。

◇Uber： 开启共享经济时代

共享经济，就是指拥有闲置资源的个人或机构将资源的使用权让渡给他人，并获得一定报酬，而他人则可以利用分享的闲置资源创造出一定的价值。

简单来讲，共享经济就是通过闲置的资源共享给别人创造价值，从而获得一定的经济回报。因此，共享经济分为两部分，一部分是闲置，另一部分是共享。在共享经济下，物品的所有权仍然属于所有者，只不过是将使用权让渡给他人，并从中获取回报。而从另一个角度来看，共享经济并不创造资源，是将闲置的资源分享给需要的人，让资源可以得到有效利用。

简言之，共享经济有三种存在形式：

☆建立在共享和租赁基础上的产品服务。

☆二手转让产品的再流通，也就是同一物品的所有权在不同需求者之间实现的转移。

☆以资产和技能共享为中心的协同生活方式，即与他人分享自己的时间、知识、技能等无形资产。

◇共享：碎片化需求与碎片化供给的对接

随着移动互联网的发展，人们的时间被分割成了一个个碎片，而与此同时，移动互联网在服务领域的渗透，也将人们碎片化的需求以及供给实现了有效结合，良好地体现了共享的概念。

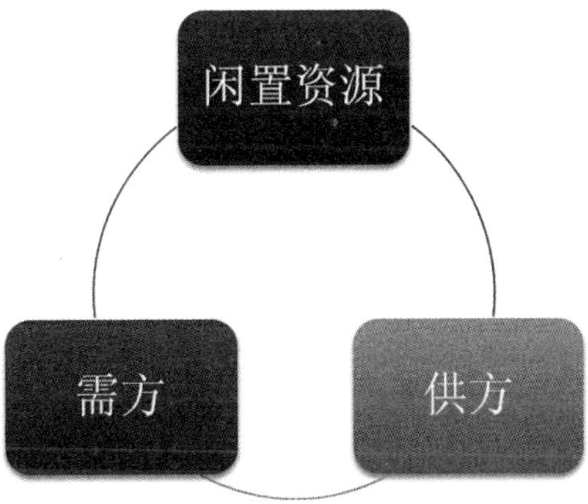

图：共享经济的三要素

实现共享经济需要有三个要素：闲置资源、供方、需方。闲置资源是实现共享经济的重要前提和基础，因此首先需要发现闲置资源，并且要吸引更多愿意出租资源的供方以及需要闲置资源的需方。

不管是实际的物品、时间还是人，只要是闲置了，就有可能变成共享经济的组成部分。比如，Uber之所以能够崛起，就是因为抓住了闲置的汽车资源，并且认识到这种闲置的资源可以解决人们的出行痛点，发挥更大的价值；而Airbnb则利用了闲置房屋的特点，将更多的闲置房屋集中在一起，为有需要的客户提供短租服务，而屋主也能从中获取一定的回报。

◇信任：共享经济实现的支撑和保障

在共享经济中，企业为供需双方创建了一个交易的平台，而要保证共享经济顺利进行，还应该为彼此搭建信任的桥梁。除了基于熟人之间的信任范围之外，其他层面信任关系的建立需要有完善的共享规则以及个人征信体系的支撑，从而为共享经济提供更多的安全保障。

Uber的火爆，也让共享经济开始风靡于中国，为聚焦于社区O2O（是指线下的商务机会与互联网结合，让互联网成为线下交易的平台。）的企业带来了更多的机会。更多的创业者已经意识到基于社区共享经济可以细分出众多垂直领域。然而，社区共享经济还处在初期探索阶段，仍然面临诸多的挑战，比如怎样在供需双方建立信任以及怎样保证交易安全等，这些问题都需要相关的法律法规以及完善的机制来规范和解决。

对共享经济领域的创业者来说，对闲置资源的整合以及分发能力依然是摆在他们面前的一个重大课题。从模式上来看，共享经济的平台属于轻应用，或许轻应用并不等同于烧钱模式，但是从目前众多的共享经济平台来看，前期投入依然是非常大的，因此怎样在充满不确定性的环境中生存以及寻找到盈利模式依然是创业者首先需要解决的问题。

2. 估值 625 亿美元背后的战略与野心

截至 2016 年 1 月，完成新一轮 20 亿美元融资的 Uber，估值已经高达 625 亿美元，超过通用汽车、雅虎、时代华纳、Netflix 等公司市值。在获得风险投资支持的公司中，Uber 创下了有史以来的最高估值。在此之前只有全球最大的社交网站 Facebook 在上市之前的估值达到过 500 亿美元。

Facebook 达到 500 亿美元的估值用了 7 年的时间，而 Uber 只用了 5 年的时间，因此，Uber 估值的增长速度超过了 Facebook。Uber 可以称得上是私人创业公司中的一匹黑马，而其强势崛起的秘诀主要有以下几点。

◇Uber 的核心竞争力

Uber 的核心竞争力是支撑其迅猛发展的重要力量，通过技术手段提升效率，围绕用户对"实时、低廉、舒适"的追求，提供租车以及实时共乘的服务。Uber 始终以效率为重要的发展导向，并将 ETA（用车到达时间）当作一项重要的考核指标，Uber 规定其每覆盖到一个城市，就应该相应缩短乘客等待的时间，争取能将乘客等待的时间控制在 5 分钟甚至是 3 分钟之内。公司创始人坚信，只有不断降低价格，才能将这种共乘服务普及到更大的范围。

Uber 能在前端发挥巨大的能量，离不开后端强大技术团队的支持。Uber 是一家典型的靠技术驱动的公司，技术优势就是其核心竞争力。因此从本质上来说，数据和算法才是 Uber 真正的司机。

◇创意营销

除了技术优势之外，其极具创意的营销方式也是使其名声大噪的重要因素。Uber 运用时下比较流行的互联网思维，采用社会化营销方式推广自己的服务，同时还不断创新营销手段，为用户带来形式丰富的营销体验。

在传播链条的应用上，滴滴出行等本土公司采用地推的方式传播自己的品牌和服务，注重人海战术的应用，而 Uber 采用的是自上而下的传播方式，先抓住一部分精英群体，激发他们的使用热情，让他们成为 Uber 坚定的拥护者，然后利用他们自身的影响力将 Uber 自发传播到白领阶层，之后再利用白领的影响力扩大到更大的圈子里，这样一来也就形成了有效的口碑传播，而且通过这样的方式传播，用户的忠诚度更高。

◇“大平台 + 小组织” 模式

Uber 的租车以及共乘业务已经覆盖到了全球 57 个国家，300 多个城市。在这张巨大的业务版图背后有一个支撑其顺利运作的重要模式——“大平台 + 小组织”，这种新型的运作模式不仅受到了社会各界的广泛称赞，同时还被认为是当前互联网的最高组织形态，与当前军事领域流行的作战形态存在很多相同的特征。

比如，美军就将这种作战形态应用在了伊拉克以及阿富汗战争中，最开始派遣由几个人组成的特种部队到前方去了解敌情，根据敌人的行踪发回指令，后端的大平台会根据接收的指令指定相应的作战计划，并安排相应部队完成计划。

同样，Uber 也以透明化、共享的数据平台作为后方总部，遵循严格的招聘规则，选聘优秀的员工派往各大城市，同时实现充分授权，让他们可以在各自的辖区内充分发挥自己的聪明才智，助力 Uber 的全球化战略。

◇Uber 的野心不止于打车

大多数人认为，Uber 能够创造如此高的估值，要归功于共享经济的魅力。在 Uber 诞生之前，全球大概有超过十亿辆的汽车在马路上行驶，而其中有大概 96% 的汽车大部分的时间都处于闲置状态。而 Uber 的出现将这些闲置的资源，包括私家车资源、闲散的劳动力资源等都集中在了一起，用一种低成本的方式实现了统一调配与应用，提高了资源的利用效率。

按照共享经济的发展路径，当 Uber 在供给以及需求端积攒了足够的人气之后，就可能会将这种模式复制到其他领域。关于 Uber 的未来，还有一段比较精辟的论断：

如果你只是将 Uber 当作一个能够提供租车以及共乘服务的公司，那么它对你生活的影响其实并不大；如果你认为可以使用 Uber 送孩子上学、带自己去聚会并且在聚会结束后送你回家，同时还可以为你配送一些日常生活用品，那它对你生活的影响就稍微大一些了；如果你认为使用 Uber 之后，自己就不必买车了，那它的作用就更大了，已经成为了一种替代性的交通工具；而如果你将其视为一个超级联网计算机，每天可以运送上亿的人和货物，并且可以实现全面的连接，那么它就变成世界上规模最大的公司之一了。

3. 中国本土化战略：Uber 的跨界营销

2009 年，有着"共享经济打车鼻祖"之称的 Uber 在美国旧金山成立。消费者通过 Uber 可以享受到实时打车、专属司机的个性化服务。

根据使用场景的差异，Uber 的产品可分为经济型轿车（UberX）、出租车（TAXI）、高级轿车（UberBLACK）、高级商务车（UberXL）、豪华型轿车（尊享）等。Uber 通过自身的努力，争取为全世界所有城市的用户，提供一套高效便捷、智能化的出行解决方案。

Uber 不拥有任何汽车，但它却有效整合了与人们出行相关的各种资源。

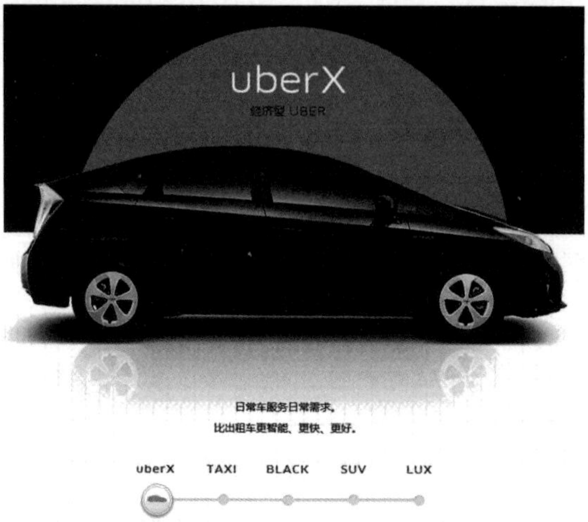

图：Uber 可供选择的不同车型（来源 Uber 官网）

无论是出租车公司，还是汽车租赁公司，甚至是个人车主，都可以与 Uber 签订合作协议，Uber 会为这些车主提供订单。

2014 年 7 月 14 日，Uber 宣布正式进军北京，这是 Uber 自进入中国市场以来的第 5 个城市，也是 Uber 在全球进入的第 100 个城市。经过短短一年的时间，Uber 已经覆盖全球 55 个国家及地区的 300 多个城市，截至 2016 年 1 月，Uber 在中国覆盖的城市数量已经达到 37 个，并计划在 2016 年进驻中国 100 个城市。

Uber 虽然在海外十分火热，在它尚未进入中国市场以前，国内市场中的即时打车应用滴滴、快的等正处于快速发展阶段，而且国内的商家相比更具有本土化的优势，再加上资本巨头的财力支持使其具有了较为广泛的用户基础。此外，打车应用不仅牵扯到各方利益集团，还要受到法律法规的严格约束。那么，Uber 又是通过什么手段在中国市场站稳脚跟的呢？

由于不希望品牌被强行灌输给消费者，所以 Uber 没有选择和媒体公司合作，而是沿用了在进军全球各大城市时普遍采用的营销手法——跨界营销，即通过与其他领域的品牌合作，进行优势互补，从而提升品牌影响力。

跨界营销是一种性价比较高的营销方式，可以在短时间内获得合作品牌用户人群中的潜在消费者，但这种营销方式不宜经常采用，过度使用反而会产生负面影响。

现实生活中，不难发现许多品牌商在进行跨界营销时，往往就是合作方在几个社交媒体平台上互相喊话，缺乏与消费者的交流和互动。但从某种角度上说，跨界营销的本质就是一场需要消费者广泛参与的内容营销。自媒体时代，参与感是企业营销成功的关键所在。

2014 年学校开学之际，Uber 与妈妈网进行了战略合作。9 月 1 日，由妈妈网与 Uber 提供的专车负责接送准备进入幼儿园的小孩，并且有摄影师全程跟踪拍摄，记录下小宝贝们第一天上学的情景。对于许多第一次进入幼儿园的小孩来说，这一天具有非常重要的意义，他们第一次和家人分开长达 8 个小时，并且要融入一个完全陌生的环境，而爸爸妈妈、爷爷奶奶心中也充满着期待、担心和焦虑等交织的复杂情绪。

Uber 对报名参加的用户表示，只要符合报名条件，即使没被选中的用户也可以获得 Uber 提供的 100 元打车基金。这项活动获得了许多家长的广泛参与及认可，许多消费者在社交媒体上主动进行分享、评论，纷纷表示："这项活动给孩子们留下了一个非常珍贵的开学纪念。"

Uber 通过与妈妈网的合作，让众多家长了解并感受到了 Uber 提供的服务，以后当家长们外出时，他们就可能会不由自主地想起 Uber。

Uber 的营销预算中没有媒介购买这一款项，在谷歌、百度等搜索引擎上搜索“Uber 中国”，也不像搜索其他公司时那样出来的都是广告，在广告营销案例中也很难发现 Uber 的身影。这是因为 Uber 在中国市场的营销更加注重口碑传播，通过将每一次的跨界营销打造成热点事件，用极致的服务让消费者心甘情愿地传播 Uber 品牌。

2014 年 12 月底，Uber 与中国深圳·新媒体艺术节（Shenzhen New Media Art Festival）举办方合作，为参加艺术节的人们提供大巴车，乘客可免费搭乘大巴参加这次庆典。大巴车上还为乘客配备了专业的理发师、美甲师等，可以让人们感受到 Uber 的专业化及人性化服务。

在成都地区，Uber 与宝马 Mini 品牌合作。用户在成都三环以内使用 Uber 打车应用，即可享受 Uber 提供的免费送达目的地服务。每辆宝马 Mini 轿车都有两位有丰富驾车经验的轮班司机，车上还为乘客提供杂志、无线网、饮品、充电设备等多种服务。

在中国，许多用户大部分是通过朋友圈中的评论、分享而对 Uber 有所了解。这些用户评论及分享的内容大部分都是分享者的真实经历。这和滴滴打车在朋友圈中分享评论领取红包的营销手段存在较大的差异。当然这两种营销方式没有对错之分，只不过对于 Uber 来说，消费者主动分享自己真实经历的营销手段成本更低，更加符合 Uber 的市场定位。

Uber 的跨界营销可以总结为：通过跨界营销事件吸引消费者的广泛参与，使认同 Uber 文化及价值观的用户自发进行分享，进而影响这些人的社交网络，不断放大后便达到了口碑传播的效果。

移动互联网时代，企业的跨界营销需要抓住转瞬即逝的机遇，化简去繁，实现合作双方的快速磨合。但让企业的许多营销人员感到无奈的是，许多公司由于体制、流程等方面的原因，使合作双方无法达成一致，或者有时因为上级领导的层层审核导致被竞争对手抢占先机，许多原本可以达成多方共赢的跨界营销就这样化为泡影。

而 Uber 能够在中国市场迅速通过跨界营销发展壮大，与其独特的组织架构有着密切的关联。熟悉 Uber 的人不难发现，除了 Uber 在美国旧金山的大本营以外，包括中国在内的其他地区都没有总部。Uber 强调本土化、去中心化，每一个不同市场中的 Uber 都是一家创业公司。要让为消费者提供生活服务的 Uber 能够被人们认可，必须按照本地人的思维去运营，比如：相隔不足 150 公里的广州与深圳的消费者，在出行选择上就有着明显的差异。

Uber 的创始人特拉维斯·卡兰尼克（Travis Kalanick）曾表示，Uber 在刚进入新市场时，每个城市最开始仅有 3 名员工。3 个人组成一个管理团队，三角形的团队组织结构决定了他们极强的凝聚力。团队中，一个人负责管理司机，一个人负责管理用户，另一个人担任经理并负责管理整个城市的业务。这几个人就是 Uber 在这个市场中的核心推动者，他们要让这个城市中的人们在 Uber 中发现更多的乐趣。

在 Uber 的企业文化中，创新不能只靠单纯的想象，更多是要发现内在的连接，直击市场的痛点。每一座城市都是独特的，生活在其中的人们有着自己的文化、个性、传统，但 Uber 在这些城市中找到了共同点，即：所有的一切都是以人为核心，一切都围绕着人的需求展开。

4. 共享经济模式风靡全球的 3 个理由

Uber 和 Airbnb 的强势崛起让"共享经济"一词迅速火爆起来，而由其所引发的共享经济模式也逐渐成为了一种潮流。

在这种模式下，人们可以通过互联网直接从其他用户那里租到公寓、汽车或者是其他资产。与传统的经济模式相比，人们拥有了一种新的资源获取方式，而且这种方式更为便利和自由。而共享经济的发展也催生了一种新的服务，让更多的上班族开始放弃朝九晚五的工作，追求一种更加自由的工作和生活方式。

当下，这种新型的经济模式却备受诟病，有人将 Uber、Task Rabbit 与一些同类型的公司以及一些大型公司的全职员工在福利待遇和保障方面进行了比较，认为新共享经济模式不能为人们提供充足的健康医疗保险和退休金，难以保障人们的基本生活需求。民主派代表希拉里也公开指责共享经济对自由职业的待遇不好。此外，共享经济是否需要运营牌照的问题也在社会上引起了剧烈的争议。

新的商业模式在爆发式增长的同时，相应的法律规范以及制度也应该日渐完善起来。如果能够对这个新市场进行合理规范的话，共享经济的三大优势就会凸显出来。

◇优势一： 共享经济催生新的服务

随着共乘、短租需求的日益高涨，传统的商业模式越来越难以满足这一需求。Uber 之所以能成功，要得益于其不断普及的共乘服务。

传统运输公司如果要实现共乘服务，就需要投入大量的车辆以及司机，而如果 Uber 也采用同样的方式的话，就需要投入巨额的成本，提供大量的汽车并聘请全职司机。这样一来，Uber 也就无法提供像现如今这样更有价值的服务，同样也无法创造今天属于 Uber 的辉煌。

而且，在共享经济模式下，合作司机的收入更有可能获得提高。比如，美国汽车租赁公司 Hertz，通过向 Lyft 的司机提供车辆的日租、周租或月租业务，进而帮助他们更好地为客户提供乘坐共享服务。司机平均每小时的收入为 19 美金，这也就意味着他们只要工作一周就足以支付一个月的租车费用。

◇优势二：共享经济可以提供更加灵活的工作方式

相对于自由工作者来说，全职员工尽管可以享受更多的福利，但是也受到了预期报偿的限制。而相比之下，自由工作者可以更加灵活地支配自己的时间，自由选择在家中或者其他场所工作，并且可以享受更多的休闲时光，更不用担心公司内部各种人际关系问题。工作之余他们还可以做自己喜欢的事情，比如运动、钓鱼、旅行等。对于很多人来说，他们更追求自由和工作的灵活性，喜欢打破常规，不喜欢做事束手束脚。有调查显示，越来越多的上班族开始倾向于选择灵活性比较高的工作。

而共享经济的出现很好地迎合了他们的需求，尽管在某些方面还存在一些缺陷，但不可否认的是，未来，自由工作者将会成为更多人的追求。根据 Freelancers union（自由职业者联盟）调查的结果显示，虽然灵活度很难用金钱来衡量，但是对于在美国人口总数中占到 34% 的自由工作者来说，灵活度具有非常重要的价值。对于自由工作者来说，共享经济的出现可以让他们摆脱束缚，追求自由的工作和生活，并且获得一定的经济回报。

◇优势三：比全职工作更有吸引力

除了批判共享经济的声音之外，更多人对共享经济持认可和肯定的态度，认为共享经济下的工作薪水并不低于普通的全职工作。

洛杉矶颁布的最低工资标准是 15 美元/小时，而美国大部分地区的最低工资标准仍然比较低，发展水平最高的10个州的最低工资标准每小时都低于10美元。

尽管企业雇主为全职员工提供的健康医疗保险在一定程度上提高了员工的薪水，但是仍然是杯水车薪。根据Kaiser家庭基金会的预计，每年雇主平均需要拿出12011美元来为员工以及他的家人提供保障，员工自己也需要支付4823美元。

也就是说，每周工作40小时的全职员工净增加补偿为3.75美元/小时，而对每小时只有10美元的员工来说，总收入也就变成了13.75美元/小时。而Uber平台上的司机每小时就可以赚19美元，并且还可以通过奥巴马医改获得家庭医疗保险，大概是570美元/月，也就是说每小时能够获得3.60美元的补偿，净收入可以达到15.40美元/小时。

这样一来，全职员工因为有健康医疗保险，薪水反而要低于Uber合作司机。因此，单从金融角度来看，传统经济与共享经济的差别并不大，而且目前，美国为了提高居民的生活水平，开始实施面向全职以及自由职业者的薪资水平提高计划。

第二节 滴滴出行：中国 "独角兽" 的崛起

1. "独角兽"崛起：滴滴的 3 年成长史

2012 年 9 月 9 日，一款名为"滴滴打车"的软件出现在人们面前。任何人都没有想到，这个为方便人们打车而出现的叫车软件，会产生如此巨大的影响力，甚至颠覆了整个出行市场。三年之后的 2015 年 9 月 9 日，"滴滴打车"更名为"滴滴出行"，将自身业务从单纯的打车服务拓展到海陆空全方位领域。

◇过去 3 年 "一路狂奔"

2014 年 7 月，原高盛集团执行董事、柳传志之女柳青出任滴滴打车首席运营官，后又担任总裁一职。柳青带领下的滴滴打车，依然是行业焦点，新旧产品也都受到社会热议。在过去的三年中，滴滴打车以惊人的速度"一路狂奔"，不仅在产品方面不断创新，优化客户的出行体验，在平台内部也进行了一次次的自我颠覆与变革，提升"内功"修养。

2013 年初，滴滴打车创始人兼 CEO（首席执行官）程维，以几亿元的花费引爆了一场烧钱大战，培育了线上叫车市场，也对传统出租车行业造成巨大冲击。

2014 年 8 月，公司正式推出专车业务，产品范围拓展到出租车领域之外，开始了多元化产品的战略布局。

2015 年 1 月，滴滴打车推出了专门为企业服务的滴滴企业版，开拓出新的用户市场。

2015 年 2 月 14 日，滴滴与其主要竞争对手快的“联姻”，并主要以滴滴打车的名义对外运营。

2015 年 5 月到 7 月 3 个月间，滴滴平台相继推出了快车、顺风车、滴滴巴士和滴滴代驾等业务。滴滴成为一个具有多元产品线的优质出行平台。

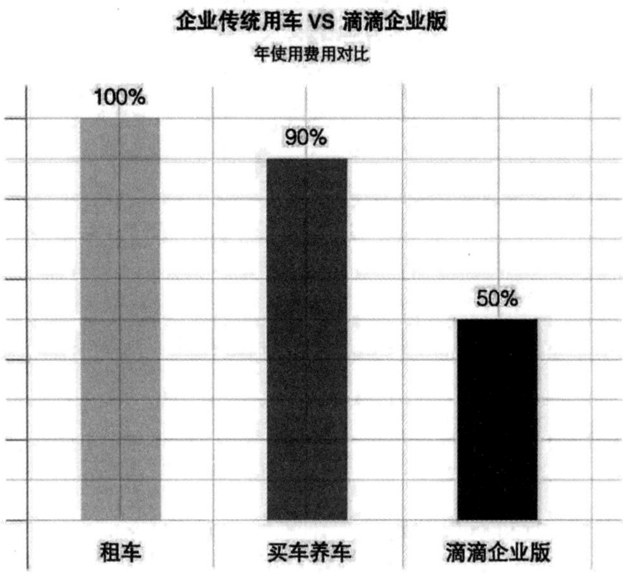

图：企业传统用车 VS 滴滴企业版

多元化的产品业务布局也对公司的内部运营管理提出了更高的要求。为此，滴滴在公司内部实行事业部制度。即每一个产品业务，如出租车、专车、顺风车等，都成立专门的事业部。每个事业部独立运营，有着充分的自主权和发展空间。这种组织架构是滴滴平台能够顺利完成多元业务布局的重要保障。

◇**成为国内出行行业老大**

滴滴与快的"联姻"后，成为国内出行领域中拥有市场份额最多的公司。

根据第三方机构的研究统计，在国内出租车叫车软件市场中，滴滴平台的占有率高达99%；在2015 年第二季度的专车市场中，也拥有82%的市场份额。业务量方面，专车日订单一度突破400 万张；出租车和峰值时的顺风车日订单分别为300 万和223 万张；代驾业务的日峰值订单也达到50 万张；同时，滴滴还为超过5000 家国内企业提供出行服务。

当前，滴滴平台的业务范围已经拓展到全国360 多个城市，拥有的出租车、专车、顺风车和代驾司机人数分别达到了135 万、200 万、460 万和100 万。另外，滴滴巴士也已经开通了500 条线路。

◇**滴滴更名是重新定位**

2015 年9 月9 日，滴滴打车在成立三周年之际，正式更名为"滴滴出行"。表面上看这只是一次名字的变更，实质上却反映了公司的重新定位，体现了在多元产品业务成功布局之后，滴滴平台的发展新战略和品牌新格局：不再局限于出租车行业市场，而是将发展视野上升到了海陆空全方位的出行领域。

另外，滴滴平台还设计了新的 Logo，并同步上线了新版 APP"滴滴出行"，以便配合名称变更，顺应多元化业务发展的品牌升级转向。

2015 年6 月，国内最大的独立第三方移动数据服务平台 Talking Data 发布的《2015 年 O2O 移动应用行业白皮书》显示，滴滴打车在所统计的 O2O 移动 APP 总排行中，仅落后于支付宝钱包和美团团购，位列第三；在5 月份国内 Android 系统的出行类 O2O 移动 APP 中，滴滴打车的市场覆盖率高达10.26%，位居榜首。

由“滴滴打车”到“滴滴出行”，表明滴滴公司正超脱具体产品业务的束缚，开始致力于打造更具开放性和包容性的 O2O 出行生态系统。基于对海量用户信息的大数据分析应用，滴滴出行将整合更多与出行相关的资源，为用户提供涵盖众多应用场景的多元化、个性化的出行服务。

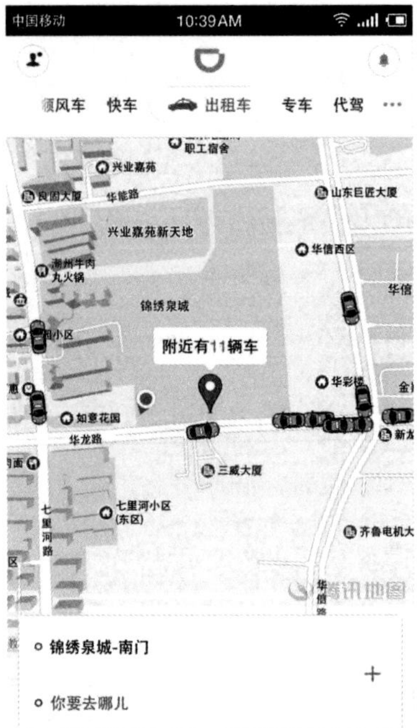

图：滴滴出行 APP 界面

◇不会放弃出租车领域

滴滴打车的更名也引发了业内人士的诸多猜想，不少人认为随着滴滴平台的品牌升级转型，滴滴公司将实行“去出租车化”，逐渐淡出出租车叫车市场。

不过，滴滴公司强调不会放弃出租车这个起家的领域。当前以及未来较长时间内，出租

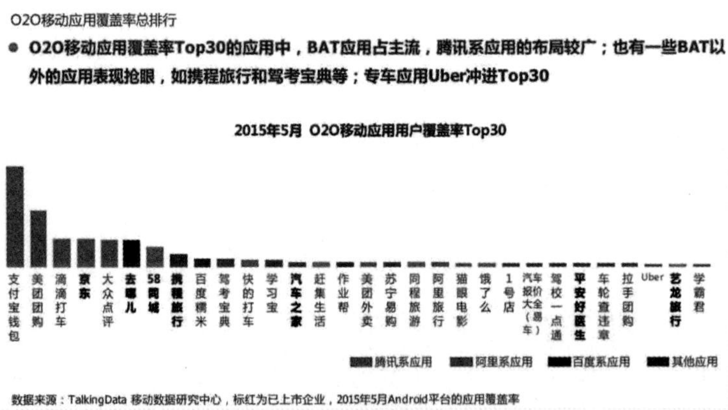

图：2015 年 5 月 O2O 移动应用用户覆盖率 Top30

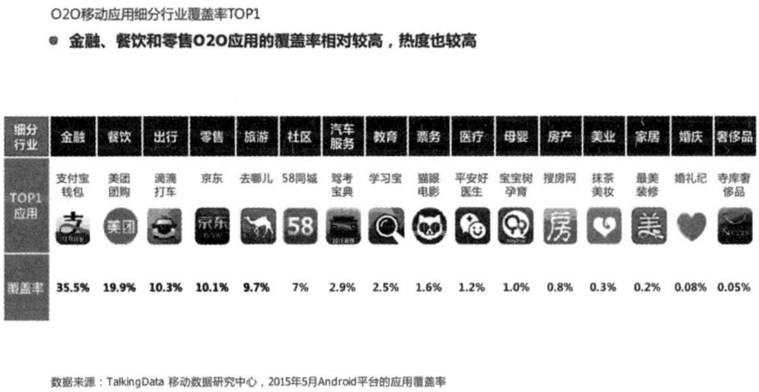
O2O移动应用细分行业覆盖率TOP1

● 金融、餐饮和零售O2O应用的覆盖率相对较高，热度也较高

细分行业	金融	餐饮	出行	零售	旅游	社区	汽车服务	教育	票务	医疗	母婴	房产	美业	家居	婚庆	奢侈品
TOP1应用	支付宝钱包	美团团购	滴滴打车	京东	去哪儿	58同城	驾考宝典	学习宝	猫眼电影	平安好医生	宝宝树孕育	搜房网	抹茶美妆	最美装修	婚礼纪	寺库奢侈品
覆盖率	35.5%	19.9%	10.3%	10.1%	9.7%	7%	2.9%	2.5%	1.6%	1.2%	1.0%	0.8%	0.3%	0.2%	0.08%	0.05%

数据来源：TalkingData 移动数据研究中心，2015年5月Android平台的应用覆盖率

图：2015 年 5 月 O2O 移动应用细分行业覆盖率 Top1

车都是与人们日常生活密切相关的领域。因此，滴滴公司仍会不断推出新举措，继续帮助平台上的 135 万出租车司机提高效率、增加收入，优化人们的出行体验。

正如公司创始人兼 CEO 程维指出的，滴滴公司的最终目标是建立一个中国人领导的、世界最大的综合性出行服务平台。在今后 3 年内，滴滴出行将力争实现每天为 1000 万车主、3000 万用户提供服务的目标，并将任何地方的叫车时间都控制在 3 分钟以内。

2. 滴滴快车：走向平台化与精细化之路

2015 年 5 月 7 日，滴滴出行 APP 正式推出了一项非营利性的搭车服务——"滴滴快车"，乘客所付车费均归车主所有，滴滴平台不收取任何费用。因此，滴滴快车的最大优势是价格便宜。以北京为例，滴滴快车的起步价为 0，每公里也只收 1.5 元，远低于其他搭车方式。

滴滴快车的运行不同于以往出租车的抢单模式，而是借助大数据的强大运算能力，自动匹配距离最近的车辆，从而大大提高了车辆使用效率，实现了对出行需求和供给的优化配置，有效缓解了城市交通拥堵压力，因此也得到了政策上的支持与鼓励。

◇技术研发提上桌面

近几年，国内的打车软件呈现爆炸式增长。各个平台忙于烧钱比拼、跑马圈地、抢占市场，忽略了打车应用发展的初衷，没能沉淀下来深挖技术。然而，打车软件的一个目的是通过深耕相关的互联网技术，优化配置出行需求与供给，减轻城市交通负担。

因此，打车市场的发展是以相关技术为基础的，特别是如何实现智能化精准匹配，更是打车应用的关键环节：为用户匹配 3 公里以外的车辆，而让 500 米之内的车处于闲置状态，显然有悖于打车软件的发展初衷。

从这个意义而言，滴滴快车不仅是滴滴平台业务多元化的发展布局，也是其进行业务技术化的一个试验场。例如，当前人们打车时的平均等候时间是 6 分钟，滴滴公司则希望在未来 3 年内，可以将这个时间缩短一半。

这显然不是靠烧钱圈地、扩大市场份额能够实现的，而是需要技术上的创新升级，需要更精准的供需匹配。特别是在滴滴出行已经占有大量市场份额的情况下，更需要通过技术升级提高平台运营效率，以保持市场中的领先地位。

2015 年 5 月 22 日，滴滴出行宣布正式成立“机器学习研究院”，并启动研究院科学家的全球招募计划，以便增强自身的大数据智能分析能力，为用户提供最佳的出行方案。这表明，在跑马圈地之后，滴滴出行已经将技术研发提上日程，通过技术创新升级深耕用户体验，从以抢夺市场为主的粗放型发展模式进入到以优化用户体验、提高用户黏性为重心的精细化发展阶段。

在“互联网 + ”时代，不论是广告、电商还是信用分析，都离不开对大数据信息的挖掘分析。而像出行服务这种更具个性化倾向的领域，对相关服务平台的大数据处理分析能力也必然提出了更高的要求。这也是为何滴滴会成立专门的“机器学习研究院”，深耕智能化大数据分析处理能力。

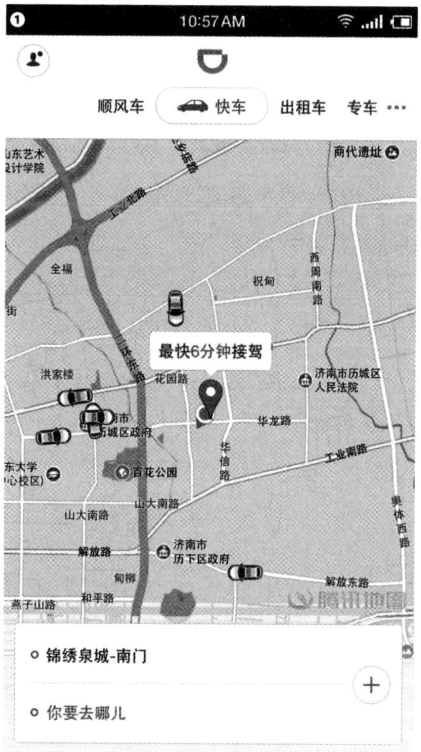

图：滴滴快车界面

◇滴滴出行的市场布局

当前，滴滴出行已经成为全球最大、产品业务最全面的互联网出行平台，包含了出租车、专车、快车、拼车、代驾和城市巴士六条产品线。滴滴出行的最终目标，是构建移动出行生态体系，打造一站式移动出行服务平台，充分满足用户对专车、拼车、代驾等不同方面的多元化出行需求。

以往，出租车、专车、快车等都是各自独立、有着不同偏重（服务性、共享性、专业性，等等）和业务取向的出行方式。而滴滴的“野心”就在于将这些垂直类的出行方式全部融入到自身平台之中，打造一个出行服务大平台，让有出行需要的用户都能够在滴滴大平台上找到想要的服务。

正如滴滴创始人程维指出的，滴滴出行将成为交通出行领域的全品类平台入口，成为一个移动交通综合服务平台。而这样一个一站式移动出行平台，必然会对现有的垂直出行服务格局造成巨大的冲击颠覆，同时也一定蕴含着众多的新商机。

◇**出行服务标准化建设**

除了进行平台化战略布局之外，滴滴还通过出行服务标准化建设，深耕用户出行体验，走向精细化发展之路。

2015年5月22日，在“机器学习研究院”成立的同一天，滴滴专车同步推出了ACE（Absolute Comfortable Experience，极致舒适体验）增值服务。从内容上看，ACE其实是一套涵盖了软硬件各方面内容的专车服务标准。

例如，在硬件上，ACE标准不仅要求车内备有饮用水、车载充电器、车载WIFI、蓝牙设备、无菌湿巾、防霾口罩等等，还要求能够为老弱病残孕或者其他有特殊需求的乘客（如携带宠物、吸烟等）提供定制服务。

在软件方面，要求司机的驾龄超过5年、且3年内无违章记录。同时，滴滴还会对司机的身高、相貌、反应能力、性格等多方面因素进行考核测试，然后经过滴滴大学的严格培训之后才能正式上岗。正如程维所说的，ACE的目的是为用户创造一种极致舒适的出行体验，让用户感受到“国宾车队的礼遇”。因此，这项业务也会加收30%的服务费用。

ACE并不只是向用户提供了一项新服务那么简单，其深层意义更在于推动了出行服务的标准化建设。并且，该服务标准甚至可以延伸到滴滴平台之外，只要符合相关要求，就可以使用ACE标志。这必然有利于规范当前杂乱的出行服务市场，提高整个出行行业的服务水平。另外，ACE服务标准的高端定位，也为出行服务市场树立了一种正向的引导。

3. 滴滴代驾：汽车后市场“占位”策略

2015年7月28日，滴滴平台正式推出了“滴滴代驾”业务，并放言要在半年内成为国内的龙头企业。然而，易观智库的数据显示，2015年国内代驾业务的市场规模约为 25 亿人民币，这对市值预估达 150 亿美元的滴滴出行而言，显然不值一提。

因此，滴滴积极布局代驾业务，绝不只是由于看好这一尚待开发的蓝海市场（数百亿规模的市场前景）。更为重要的是，滴滴平台试图以代驾作为突破口，提前抢占更具发展潜力的汽车后市场。

当前，我国汽车后市场的参与者包括三方：小型私营店、大型快速保养连锁店和 4S 店。而根据相关统计，在全国正式注册的约 40 万家汽车美容装饰维修厂商中，小型私营店的占比高达 70%；而规模较大的全国性大型连锁企业，则处于空白状态。我国汽车后市场参与者这种"小、乱、散"的特点，造成了汽车修理养护市场的混战局面，也使国内汽车后市场缺乏具有高信誉度的大品牌，无法有效维护客户资源。

进一步来看，汽车作为一种地域性的交通工具，其维修护养也必然立基于具体的地域服务，这是当前国内汽车后市场没能形成全国性大企业的先天性原因。不过，从更为实质的层面来讲，地域化因素的背后，其实更多的是服务的标准化问题。即当前国内汽车的维修、美容、保养等服务没有统一的质量考核标准，导致了各地操作程序不一、零部件供应渠道不透明等问题。这造成了汽车服务领域的混乱局面，自然也无法为用户提供优质的服务体验。

例如，有关机构发布的《汽车售后服务评价报告》显示，针对汽车售后服务方面的投诉快速增多，国内汽车售后服务的整体质量不高，车主满意度也处于较低水平。因此，国内汽车后市场亟需引入新鲜血液，打破现有格局、进行产业重组，以便推动我国汽车服务市场走向成熟，满足数量不断增加的车主的需求。

正是基于对国内汽车后市场现状的精准把握，滴滴出行才积极进军代驾这一25亿元的小市场，以便借此占有千亿级规模的汽车后市场领域的主要消费者——私家车车主，弥补业务短板，进一步迈向“交通出行领域的全品类平台入口”的目标。

在代驾业务方面，滴滴也有着诸多优势。首先，滴滴代驾的司机，大部分都是私家车主，这使滴滴代驾可以借助其他业务实现资源的原始积累。因为在滴滴平台构建的生态体系中，快车、专车、顺风车等业务的参与主体，大部分也都是私家车主。同时，滴滴平台的用户也是潜在车主。

例如，上线数月之后，滴滴代驾就借力顺风车业务积累了数百万的车主。另外，滴滴出行庞大的用户规模，也将助力平台把更多的私家车主整合进来，从而推动汽车后市场的互联网化转型，也为滴滴布局汽车后市场奠定坚实的用户基础。。

其次，作为一个互联网企业，滴滴拥有巨大的资源整合能力，能够有效引导混乱的出行市场建立秩序，走向规范化、标准化。以往，国内出行领域拥有120万出租车和高达200万的地下黑车。而监管体系的缺位与迟滞，造成了各个城市出行市场的混乱无序状态。

滴滴出行携互联网的强大整合能力，不断推出打车、快车、专车、顺风车等新型业务，并通过透明化运作和规范化服务，重构了国内出行服务市场，有效解决了“黑车难管”这一出行市场的顽疾，规范了国内出行服务的市场秩序。

另外，强大的融资能力也为滴滴代驾培育市场提供了有力的资金支持。2015年7月初，滴滴出行完成了20亿美元的新一轮融资，其市场估值达到了150亿美元。再加上滴滴在其他垂直类出行服务市场的成功经验，都使滴滴代驾有着足够的底气去规范和培育汽车后市场。

最后，随着"互联网 +"时代的全面到来，智能化的大数据分析处理能力，已经成为企业制胜的关键。而滴滴更是深谙此道，围绕用户体验推出了智能出行平台"苍穹"，依托强大的大数据分析处理能力，在个性化、多元化的汽车后市场中精准把握每个车主的需求痛点，为他们提供最优质的问题解决方案，实现了对数据时代汽车后市场的前瞻性布局。

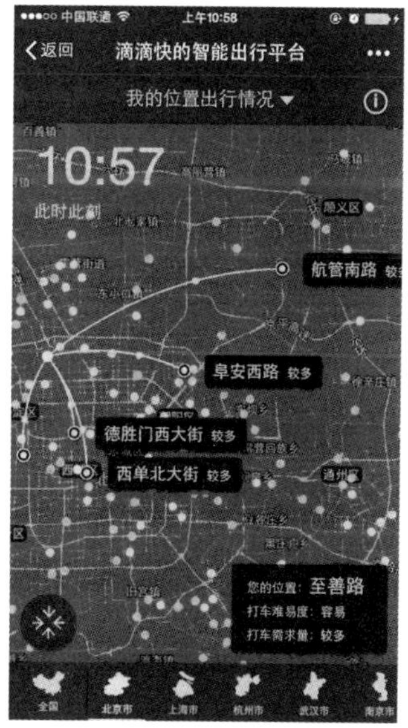

图：智能出行平台苍穹界面

对滴滴而言，代驾业务只是一个精准的突破口，其背后折射的是滴滴平台对汽车后市场这个万亿级市场的前瞻性布局，也是滴滴打造一站式综合出行服务平台的重要一步。

4. 滴滴巴士：共享经济下的交通运输业

"互联网 +"时代的到来推动了共享经济模式的快速崛起。在交通运输领域，以 Uber、滴滴为代表的打车、拼车、专车、顺风车等新的出行服务方式不断涌现，不仅以其强大的资源整合能力实现了交通运输资源的更优化配置，而且还建立了新的社会关系结构，并在互联网金融等相关领域的助力下，对现有的交通运输行业生态产生冲击、颠覆和重塑。

2015 年 7 月 16 日，"滴滴巴士"在北京和深圳两地上线，成为继打车、专车、顺风车之后，滴滴平台的又一个新产品线。基于强大的数据分析计算能力，滴滴巴士能够将社会闲置的大巴资源匹配给有需要的用户，并为人们提供最佳的出行线路，从而打造一个智能出行平台，缓解一线城市中公交系统缺位地区的交通压力。

票价方面，滴滴巴士要比普通公交贵很多。比如，在首批上线的北京和深圳，滴滴巴士的票价为 7－13 元，远高于普通公交车的票价。不过，为了培育市场、提升竞争力，滴滴出行依然像刚推出打车、专车业务时一样，对滴滴巴士进行大量的价格补贴。例如，巴士业务正式上线的第一周，用户只需关注滴滴巴士的微信公众号，就能够只花 1 分钱乘坐滴滴巴士上下班。

在出行领域，国内私家车保有量激增，地铁建设正成为各大中城市完善交通系统的新宠，而出租车、快车、专车等领域的竞争更是愈发白热化。因此，公交出行市场成为滴滴出行拓展业务的新方向，也是其打造交通出行领域全品类平台入口的必然要求。当然，并非只有滴滴看到了城市公交这一新蓝海市场。在滴滴巴士上线之前，国内已经出现了嗒嗒巴士、嘟嘟巴士、小猪巴士、考拉班车等众多智能公交出行平台。

不过，与快车、专车、顺风车等对传统出租车公司造成冲击不同，滴滴巴士等智能公交出行平台，更多的是借助互联网强大的资源整合能力，发掘出城市中闲置运力的价值，因此主要是从公交系统缺位的地方着手的。

数据显示，当前居民对商务专车、拼车、出租车和公交车的日需求量十分巨大，分别为 150 万－250 万、1000 万－2000 万、3000 万－5000 万、2.2 亿。特别在北上广等一线城市中，大量的工薪族对城市交通运力提出了更高的要求。早晚上下班高峰时的大规模拥堵问题，也已经成为这些城市久治不愈的顽疾。因此，滴滴巴士、考拉班车等智能公交出行服务平台的产生，是巨大的市场需求以及城市现有公交运力不足的必然结果。

另一方面，从运营情况来看，当前国内大部分公交公司发展并不理想，甚至很多公交公司是依靠政府的巨额财政补贴才得以正常运营。再加上一些固有的体制和思想束缚，导致很多城市的公交系统发展迟滞，无法为市民提供满意的出行服务。

整体来看，当前国内居民日常出行和上下班的方式仍然是以公交为主。然而，城市公交系统却越来越无法有效满足人们的出行服务需求，这就需要滴滴巴士这类以共享经济理念为基础的、更具创新活力的新型公交出行服务平台来填补这些缺位和不足。

滴滴巴士的快速发展也充分彰显了互联网定制班车市场的巨大潜力。上线半年之后，滴滴巴士的平均上座率超过 60%，再次乘坐率达到 80%；在首批上线的两个城市北京和深圳，已经开通了 800 多条线路和接近 2000 个班次，服务的用户数也超过 50 万次。

第三节 Zipcar：汽车共享颠覆传统租车业

1. 互联网时代的精简主义

如果你从曼哈顿开车到法拉盛，或者奔驰在布鲁克林的小巷中，那么肯定会经常看到一辆辆标有绿色“Zipcar”Logo 的汽车从你身旁经过。

图：“Zipcar”Logo

是的，这就是创立于 2001 年的 Zipcar 租车网站所展现的巨大魅力。以“汽车共享”为理念，Zipcar 为人们的租车出行提供了最为简单、快捷、方便的优质服务，也成为二十一世纪前十年中全球发展最快的初创公司。

在成立后的 2002 和 2003 年，Zipcar 网站的营业额就分别增长了 200% 和 300%；2011 年 4 月 5 日，Zipcar 进行了 IPO（首次公开募股），成功募集 1.743 亿美元，当日公司市值突破 10 亿美元，涨幅高达 70%；而上市当年的总创收也达到 3 亿美元，比 2010 年的营业收入增长了 30% 多。

到 2013 年初，Zipcar 公司已拥有超过 9000 辆汽车和 73 万会员，通过 Zipcar 网站消费的用户数更是高达 100 万。同时，Zipcar 公司的服务范围也延伸到了纽约、波士顿、洛杉矶、多伦多等人口密集城市以外的地区，占据了全美汽车租赁市场高达 75% 的份额，成为美国最大的汽车租赁网站。

另外，Zipcar 公司每年 29% 的高速增长率也不断吸引着投资者的关注。而其基于"汽车共享"理念的互联网租车模式的巨大成功，也被其他各国的租车企业争相效仿，对传统汽车租赁模式造成了巨大的冲击与颠覆。

Zipcar 创造了一种全新的租车模式，公司将汽车停放在居民集中的地区，用户可以通过 Zipcar 网站、服务电话或应用软件搜索并预定自己想要的任何一款汽车，然后根据地理定位到离自己最近的车辆停放点取车。同时，汽车的使用时间也是由客户自己选择：可以只是一两个小时，也可以是一天甚至数天时间。这无疑拓展了租车的适用范围，使租车服务更具人性化和实用性，用户不再只是旅行时才租车，而是在日常出行中也可以选择租车服务。

其实，早在 1999 年互联网泡沫达到顶峰时，Zipcar 的两个创始人安特耶·丹尼尔森（Antje Danielson）和罗宾·蔡斯（Robin Chase）就看到了互联网在资源配置和共享方面的巨大价值：Zipcar 是对互联网无线技术的最佳应用，能够为人们提供自主和自由的汽车租赁服务，在实现资源更高效利用的同时优化人们的出行体验。

蔡斯和丹尼尔森将客户称为 Zipster（"链人"），通过 Zipcard（"链卡"，即会员卡）将他们与 Zipcar 网站的整体服务系统连接起来，从而实现客户的自主、自助式服务。

链卡是一个内置了电子标签的塑料卡片，大小与钱包相当，且有多种不同的款式供客户选择。Zipcar 在每辆车中都安装了一个系统监控设备，可以与

图：Zipcard（链卡）

会员卡中内置的电子标签进行实时连接。借此，Zipcar 既能够为用户提供自主式的租车服务，又能够通过后台系统实时掌控汽车的动态信息。

同时，Zipcar 还与北美最大的移动运营商之一的 Cingular 合作，在中央 IT 系统中租用该运营商的无线网络，从而保障了车辆与 Zipcar 网站之间信息的即时交换和共享。

在车辆方面，Zipcar 也最大程度地满足了客户的个性化、多元化需求。不但有炫酷的甲壳虫、速腾、宝马 mini、普锐斯等多种牌子的汽车，Zipcar 还会为每辆车起一个独具特色的名字，如一辆被称为“迷你马乔”的甲壳虫，或者一部起名为“帕斯卡尔”的丰田普锐斯，等等。这些彰显个性的名称能够帮助用户在使用车辆时获得强烈的身份感和归属感，从而极大提高了用户对 Zipcar 和特定车辆的忠诚度。

在租车流程上，会员可以通过 Zipcar 网站、服务电话或应用软件搜索某个时间段内的可用车辆；网站则基于用户的地理位置在电子地图中展示可以出租的车辆，包括每部车的基本情况和具体的租赁费用；之后用户就可以根据自己的喜好和出行需求预约车辆；成功后就可以在预约的时间内到停车点取车。

为了最大程度地方便用户取车，Zipcar 一般都会将停车点设置在居民集中的地域，以保证人们可以在 5 – 10 分钟之内到达取车地。另外，用户的取车和还车行为也完全是网络化、自助式的：租车人到达取车点，直接用会员卡打开车门将车开走；使用完成后也是自主将车放回原处，用会员卡上锁后就可以了。

与赫兹（Hertz）、安飞士（Avis）等传统的租车服务模式相比，Zipcar 建构了以"无人化电子服务"为核心的互联网式自主服务模式，不仅大大降低了服务的人工成本，也让客户拥有了更大的自主权和选择、决策空间，优化了人们的消费体验，提高了客户黏性。

图：Zipcar 租车流程

Zipcar 是伴随互联网深化发展而诞生的"汽车共享"平台，因此也深得互联网精简主义的精髓，将传统繁杂的租车行为简化为"加入会员、预订、取车、驾驶"四个步骤。同时，Zipcar 公司内部还有一位专门的主管负责精简租车流程，以便不断利用最新的科技系统简化租车程序，充分满足互联网时代高效、简单、方便、快捷的消费需求，为客户提供更加人性化和简单化的租车服务。

例如，第二任CEO斯科特·格里菲斯（Scott Griffith）将之前Zipcar按里程和时间计费的方式改为按照日或者小时收费。而且只要车子的日行里程不超过180英里，Zipcar都不会再加收任何费用。这种简化流程的变革不仅降低了公司的租金计算成本，也为租车人带来了更优质的出行消费体验。

2. 共享理念：你身边的轮子

从2001年成立，Zipcar先后经历了市场定位、资本市场以及细化子品牌等多个方面的聚集，实现了自身的巨大发展。但是，Zipcar快速崛起和成功的根源，更多的来自于它一直所坚持的“汽车共享”的理念。

随着城市汽车保有量爆炸式的增长，人们在享有汽车所带来的出行便利的同时，也不得不面对城市停车位匮乏的窘迫。Zipcar网站的价值就在于，通过优质的租车服务，让市民既享受到汽车带来的便利，又免去寻找停车位的苦恼，从而为用户创造一种便捷高效的新的交通出行方式，也使汽车发挥出最大的交通价值。

“Wheels when you want them”（“你身边的轮子”）这句口号是Zipcar所秉承的共享理念的最佳体现。为了更好地服务于租车人，Zipcar公司组建了专门的自行车服务队。这些员工穿行于城市的各个区域，在用户车子出现问题时，能够以最快的速度出现，帮助租车人解决问题；同时，Zipcar还设有专门的清洁保养小组，在车辆空闲时及时进行保洁维护。

Zipcar共享租车模式的另一个优势，就是更愿意将客户视为伙伴而非单纯的消费者。比如，与英国的一家名为Argus的租车公司相比，Zipcar不论是在车辆信息的透明度、汽车的选择还是用户知情权和服务互动上，都更容易获得消费者的青睐和忠诚。

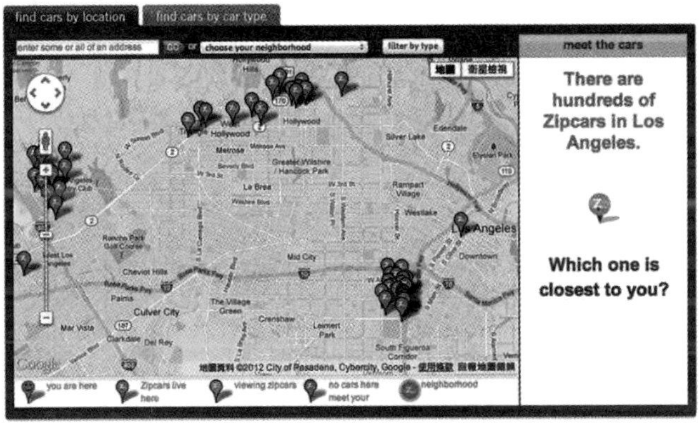

图：Zipcar 的车辆分布示例

图：Zipcar App 界面

具体来看，传统租车模式更像是一种中介服务，将有租车需求的客户和汽车租赁供应商连接起来。客户在预订之前对车辆的信息一无所知，由 Argus 公司通过搜索和对比汽车租赁供应商的报价帮助客户配置汽车；只有租车人完成预订以后，Argus 才会为他们提供所租车辆和相关供应商的详细信息。这种模式剥夺了客户的知情权和自主选择权，显然无法满足互联网时代消费者的个性化、多元化诉求，也就无法获得客户的忠诚。

相反，Zipcar 更像是一家开发和应用汽车共享的信息服务公司，它将客户关系视为一种伙伴关系，基于“汽车共享”的理念为客户提供公开、透明、自主、个性的信息服务和选择空间，优化了人们的租车体验，自然也就赢得了消费者的青睐和认同。

Zipcar 相信互联网时代信息的价值创造能力，由技术主管罗伊・罗素

（Roy Russell）设计的信息技术系统平台，能够帮助公司制定更合理的营销、技术和运营流程，完善每一个细节。比如，洗车的最佳时间和方式，停车场的选择和签订价格，租车人能够切实遵守的更加合理的基本准则，等等。

另外，Zipcar 还会持续收集诸如“谁正在使用汽车”“汽车使用的时间、地点、方式”等多方面的信息，以便更好地对目标客户进行人口统计或地域上的分类。而且对这些信息的深度挖掘分析，不仅可以帮助 Zipcar 实现精准化、个性化的租车服务，还能够帮助 Zipcar 将共享服务的业务范围拓展到自行车、服装等其他领域中，进一步提升 Zipcar 的品牌影响力。

例如，Zipcar 与食品、葡萄酒、旅店、健身等多个公司建立了合作关系，为用户提供包括出行建议、餐桌预订、大型活动提醒、旅行装备的遗失寻找等多方面的附加服务。另外，在波兰，Zipcar 不仅为旗下的汽车安装了自行车车架，还与波兰的国家和州立公园建立了联系，为客户在这些地区的穿行提供方便。

3. Zipcar 模式的三大市场策略

在资本癫狂、巨头林立的租车行业，Zipcar 以其“汽车共享”的价值理念为指引，借助网络化、自助式的服务模式，不仅打开了传统租车市场的缺口，甚至还颠覆重构了以往的租车服务模式，成为互联网时代汽车租赁行业的领航者。

其中，成功的市场营销策略，是 Zipcar 价值理念和服务模式能够顺利落地的重要保障，也是 Zipcar 快速崛起的关键因素。特别是在信息爆炸、物质富裕、创新不穷的互联网时代，任何企业、品牌或产品的成功都必须以明确的市场定位为前提。而 Zipcar 也正式通过精准定位，解决了租车人的需求痛点，为他们提供了极致的汽车租赁体验，从而获得消费者的青睐和忠诚，实现了公司的快速发展。

◇精准的定位

对于租车出行的人而言，"经济和便捷"是他们首先考虑的因素。为此，Zipcar 从预订、取车、维护等多个环节出发，尽可能地减少客户租车时的金钱和时间支出，从而为他们打造了一个最便捷和经济的租车服务平台。

图：Zipcar 的三大特点

1）预订更快捷

Zipcar 不仅为会员提供了网站、客服专线和应用软件等多种汽车预订方式，而且还会根据客户位置、取车时间及预计租用时间等信息，在电子地图上由近及远地为客户展示可租用的车辆，以供用户自己选择。整个预订流程只需 1 分钟左右，十分简单方便。

2）取车更容易

为了真正落实"你身边的轮子"的口号，Zipcar 将停车点置于居民集中的区域，保证租车人步行 5－10 分钟就能到达停车场。

取车时，客户只需将内置电子芯片的会员卡在车辆挡风玻璃后的接收器前刷一下，就可以打开车锁并发动引擎，而钥匙和预付的加油卡也都提前放在了车内。用完车后，客户也只需要将车辆停回原处并再次刷一下会员卡，就完成了还车流程。

这种网络化、自助式的取车模式给了客户更多的自主空间，简化了取还车程序，受到了租车人的广泛认可和青睐。

3）维护更简单

网络化、自助式的服务模式对车辆状态提出了更高的要求。为此，Zipcar在车辆的维护保养上也下足了功夫。通过车辆中的系统监控设备，Zipcar能够随时获取每一辆车的动态情况。当出现问题时，公司专门设立的骑着自行车穿行于城市各区域的维护人员，就会以最快的速度抵达现场，帮助租车人处理各种问题。当车辆处于闲置状态时，清洁小组则会对车子及时进行清洁保养。

另外，Zipcar还会根据获取的每个区域的车辆使用信息，及时调整城市中不同地域的车子数量，从而保证每个地域的车辆租赁需求都能得到满足。

◇锁定客户的接触点

“广告有一半浪费了，关键还不知道浪费了哪一半。”这既是营销领域的一个常见现象，也反映了精准营销的重要性。即企业或品牌只有准确定位了目标客户和消费痛点，并使业务围绕客户需求展开，才能让客户真正明了企业所做的事情的价值，从而达到广告营销的预期效果。

Zipcar将目标客户定位在那些年轻且受过良好教育的城市居民。其营销策略主要是在目标客户大量聚集区域与人们进行直接的交互沟通，将Zipcar的租车服务逐渐渗透到目标客户心中。锁定客户接触点，进行面对面的沟通交流，显然要比报纸和电视广告的营销效果更好。

Zipcar还让员工以“游击战”的方式将小册子、海报、宣传单等低成本的广告发送给目标群体。例如，将海报贴在戏院，在餐馆书架中放置 Zipcar 小册子，在马路、地铁或公交站等人口密集地区向人们发放宣传单，等等。

另外，为了体现简单、便捷的租车服务特点，给客户留下更深刻的印象，Zipcar 还会经常让员工开着标有"Zipcar" Logo 的汽车停在超市门口供人们免费搭乘，从而通过无处不在的身影，让人们一旦有租车需求，就首先会想到 Zipcar。

◇关注现有市场外的新顾客

金伟灿（W. Chan Kim）和勒妮·莫博涅（Renee Mauborgne）在《蓝海战略》一书中指出，企业在进行品牌或产品营销时，要勇于打破现有的市场界限，以超越性的思维发现传统市场以外的潜在客户，从而拓展产品或服务的适用范围，培育新的客户群体。

就租车行业来说，Zipcar 之所以能够打开传统租车市场的缺口、迅速成长为享誉全美的标杆性租车服务网站，一个重要原因就是 Zipcar 在其他租车公司忽视的地方发现了新的客户群体，培育出新的租车市场。

例如，人们大多是在夜晚和周末才会租车，这使其他时段的汽车闲置率很高，不利于租车公司的盈利（一般来说，汽车只有在 40% 以上的时间都处于出租状态时才能保证盈利）。然而，Zipcar 却在租车淡季看到了新的需求，推出了针对上班族的租车服务，并设立专门的部门负责商用车的租车服务。

通过针对公司员工的营销互动，Zipcar 成功吸引了众多有着租车需求的上班族使用自己的车辆。这既大大降低了车辆的闲置率，也不会因此影响到夜晚和周末的租车服务，从而极大增强了公司的创收能力，也有效解决了租车市场中需求时间不平衡的问题。

再比如，像赫兹、安飞士等大型租车公司，一般是不会向小于 21 岁的年轻人提供租车服务的；即使有相关业务，也会收取额外的费用。

Zipcar 却没有放弃这块市场，而是积极与各个大学合作，推出了校园计划。Zipcar 将大学生良好的行车记录拿给保险公司分析，获得了较低的保险费率。当校园租车服务获得成功后，Zipcar 又将其推广到更多的学校，从而不断拓展出新的客户资源。当前，校园计划已经成为 Zipcar 的主要创收渠道之一。

另外，通过与学校的合作，Zipcar 也能够在校园内进行业务营销，并获得了学校提供的廉价车库，有些学校甚至还组织了专门的人员负责 Zipcar 车辆的清洁维护。学校的大力支持配合不但抵消了 Zipcar 支出的较高的保险费，也让 Zipcar 培养了很多年轻的忠诚客户，从而使 Zipcar 在竞争激烈的租车领域中脱颖而出。

通过挖掘蓝海市场，Zipcar 形成了个人、商业用户和大学生三大租车客户群体，从而拓展了服务范围，增强了公司的创收和竞争能力。

第四节　PP 租车：重新定义租车新模式

1. 绿色共享经济：汽车租赁行业的"Airbnb"

伴随"互联网 +"时代而快速崛起的共享经济，重构了传统的商业模式和经济形态。特别是有效整合了社会闲置住房资源、为人们带来全新居住体验的共享租房鼻祖 Airbnb 所取得的巨大成功，更是让共享经济理念和模式走入了大众的视线，并带动了基于共享经济的 P2P 商业新模式在各个行业的疯狂扩张。

在交通出行领域，成立于 2012 年 10 月、总部位于新加坡的 PP 租车，是比较有代表性的 P2P 共享租车平台。PP 租车以共享经济理念为基础，鼓励私家车主将自己暂时闲置的车辆放在其平台上出租，从而实现闲置资源的价值再创造，也为车主和租客创造更多价值。

PP 租车在新加坡的成功发展，使其在 2012 年末又将目标瞄向了巨大的中国市场。随着城市化的快速推进，国内一二线城市面临越来越严峻的交通问题。如何提高交通工具的使用效率、实现交通资源的更优化配置和更高效利用，成为城市交通发展的重要内容。因此，以优化利用闲置私家车辆、实现精准供需匹配为目标的 PP 租车，在这方面将大有可为。

PP 租车将在国内的第一次尝试选在了北京。2013 年 4 月，PP 租车 CEO 张丙军和 CMO（市场总监）王嘉明开始组建团队、进行前期筹备工作。通过

图：PP 精选车辆

对上海地区的调研和对北京租车市场的观察，PP 租车团队发现有 17% 的年轻私家车车主有出租闲置车辆的意愿，而且北京的市场现状与 PP 租车模式已经取得成功的新加坡地区相似。

具体来看，PP 租车创业团队主要把握了以下几点：

1）很多人其实都有闲置车辆，却没有理想的处理渠道。PP 租车平台可以帮助车主利用闲置资源进行变现，为他们创造更多价值。

2）P2P 的共享模式能够提高资源利用效率，实现闲置车辆的优化配置和价值再创造。

3）北京实行的买车摇号政策，限制了买车行为，使租车成为人们的一种替代性选择。

4）租车出行模式符合当前的政策倾向，对解决城市拥堵、污染等问题也有所助益。

不过，PP 租车要想在国内获得成功发展，首先还要解决培育市场和用户时所面临的关键问题：P2P 共享经济模式需要以信任为基础，而当前国内人与人之间的信任度并不高，这将成为阻碍 PP 租车培育用户和市场的重要因素；其次，就当前国人的心态来看，富人一般不会考虑租车的事情，而穷人由于担心车辆遭到损害，也可能不太愿意将车辆出租。

因此，对 PP 租车而言，不仅要在理念上使人们认同共享经济模式，更重要的是通过多种方式引导、鼓励人们参与进来，让人们在亲身实践中感受到共享模式的巨大魅力和价值创造能力，从而逐步培育用户、开拓市场。

例如，在租赁端，PP 租车将既有经济基础又容易接受新事物的 25－40 岁的私家车车主定位为最初用户；在租客端，PP 租车平台则主要通过价格优势切入现有的国内租车市场，比其他平台价格便宜了近 30%。

PP 租车希望能够像 Airbnb 那样成为中国共享经济模式的倡导者和领航者，塑造人们新的生活习惯和消费理念，将"使用即购买"转变为"使用而不占有"，从而有效盘活闲置车辆，实现社会资源的优化配置和高效利用。

2. 全额赔付零麻烦：打造业内最强保险服务

经过近半年的前期筹备，PP 租车于 2013 年 10 月在北京正式上线，成为国内及亚洲地区 P2P 租车行业的先行者。到 2016 年初，PP 租车的业务范围已经扩展到全国 16 个城市，平台中注册的车主和租客分别超过了 100 万人和 200 万人。PP 租车计划用 3 到 5 年时间将平台车辆发展到 300 万辆，并培养人们基于共享模式的绿色出行习惯。

从近两年的实践结果来看，PP 租车平台在国内发展迅速，赢得了政府和消费者的广泛认可。

一方面，PP 租车提倡的汽车共享出行模式，有助于缓解日益严重的城市交通和环境压力，提高居民的出行效率，因此受到政府的支持和鼓励。

例如，北京市交通委员会在 2014 年就明确指出汽车共享是一种值得提倡的绿色出行模式，有助于解决停车位不足、交通拥堵和环境污染等方面的问题。相关研究也显示，一辆实现充分共享的汽车所创造的价值，相对于当前 9－13 辆汽车的价值；而且与人人买车相比，租车总体上能够减少 40% 的尾气排放。

另一方面，独特的 P2P 保险服务模式和核心安全技术方面的创新，是 PP 租车能够短时间内打开国内市场、获得广泛认可的关键因素。

图：PP 租车的服务

PP 租车积极与国内多家保险公司合作，为平台租客和车主专门设计了更能保证财产和个人安全的 P2P 保险产品。例如，以往的租车保险产品都会协定一个免赔额，租车期间若发生事故险，保险公司只会理赔超过免赔金额的部分，免赔额度以内的花费则需要租客自己承担。

PP 租车平台则首次推出了全额赔付模式，即只要在租期内发生事故，就会得到保险公司的损失补偿。同时，PP 租车还与安盛等世界著名救援公司合作，为平台用户提供 7 至 24 小时全国道路救援服务。而出险后车辆的送修、理赔等各个环节，也全部由 PP 租车平台负责，车主和租客只需等待结果即可，真正实现了用户的"零麻烦"。

针对出租车辆被盗的问题，PP 租车也借助安全技术创新等多种途径来有效化解国内 P2P 租车领域的这一痛点。例如，PP 租车为每辆车都投保了盗抢险，并通过用户之间的互评打分、多方信用审核机制、卫星定位系统、大数据分析处理等方式，构建出一套高效、精确、完善的核心安全技术控制系统，从而有效降低了安全风险。

为了最大程度地保证车主和租客利益，真正让用户"零麻烦"，PP 租车还设计了一套完备严密的风控体系，包括事前的信用考评、事中的 24 小时智能风险识别系统，以及事后的与各地公安机关建立的高效联动机制。

另外，如果车辆已经无法追回，PP 租车还会联合保险公司对车主进行预先赔付。2015 年 7 月 14 日，PP 租车更是投入一亿元的专项资金建立了车主安心保障金。

通过这些举措，PP 租车平台为车主和用户打造了 360 度全方位的保障和风控机制，最大程度地免除了车主和租客的后顾之忧，成为 P2P 租车行业的引领者。

3. 构建四大平台机制，营造良好的信用环境

任何新生事物要想在现有体制下顺利存活发展，首先必须考虑政策和法律法规的许可度问题。共享租车作为一种新理念和新模式也是如此。为此，PP 租车在布局国内租车市场时做了大量的准备工作，并在《北京市汽车租赁管理办法》中找到了 P2P 共享租车模式的有关条文：

“汽车共享相对于自驾车，可以有效解决停车位不足、交通阻塞及二氧化碳和汽车尾气的排放等问题，是值得提倡的绿色交通模式。通过实施‘汽车共享’，汽车租赁与其他出行方式可以有效结合，从而形成满足‘高质量’出行需求的城市交通体系，提高市民出行效率。”

从上述条文可以看出，通过共享模式发挥闲置资源的作用，是被政策认可和鼓励的，这就消除了PP租车在法律上的可能风险。

PP租车采用的是P2P平台运营模式，因此如何保证平台上车主和租客的易用性并为他们创造更多的价值，就成为PP租车成功发展的关键。具体来看，PP租车主要通过四大机制，塑造了平台良好的信用环境，免除了用户的后顾之忧，为用户提供了优质的租赁服务：

图：PP租车的四大平台机制

1）会员机制：即必须进行实名认证才能成为PP租车平台的用户，并有专门人员负责审核。

2）评价机制：引导鼓励用户在PP租车平台上发布自己真实的租车体验，

从而逐渐形成累积效应，为其他用户提供参考。

3）安全机制：PP 租车会对平台上的每一辆车进行安全检查，并内置智能盒、行车记录仪等设备，以保证车辆易于驾驶并能够随时被追踪定位。

4）保险机制：打造完善的保险服务体系，保障用户利益，免除车主和租客的后顾之忧。

通过四大平台机制，PP 租车构建了良好的信用环境，为平台双方提供了优质的租赁服务体验，也因此获得了巨大的口碑效益。正式上线 8 个月后，PP 租车平台就拥有了 1.5 万辆车和 2.7 万名租客。到 2016 年初，则拥有了 200 多万的注册租客和 100 多万的注册车主，业务范围覆盖到全国 16 个城市。

不过，PP 租车当前仍面临诸多问题，特别是风险控制和车辆调度两大难题，已经成为制约平台长远发展的重要瓶颈。比如，PP 租车平台很难获得有关租客实际驾驶能力的信息，这使平台无法有效预判和控制出租车辆的事故率，也就难以真正消除车主对车辆安全的担忧。而事故之后一系列繁琐的理赔程序，也降低了车主的租赁体验。

虽然 PP 租车推出了"零麻烦"机制，但保险理赔毕竟属于事后补救。因此，如何完善平台风控机制，降低车辆事故概率，依然是 PP 租车平台需要重点考虑的问题。

同时，如何建立更高效的车辆调度机制以减少租客的等车时间、优化用户体验，也是关系到 PP 租车持续发展的重要内容。

第 2 章

共享短租：共享经济时代，创新模式改变生活

第一节　Airbnb：颠覆传统商业的终结者

1. Airbnb 的起源、发展及市场情况

崛起于互联网热潮中的 Airbnb 成为了互联网经济时代的典型代表。作为一个有着浓厚社交色彩的社区型超级品牌，Airbnb 以共享经济的核心理念，深刻影响着全球 3500 万的旅行者。截止到 2015 年 11 月，其估值已经达到 255 亿美元。

共享经济时代，Airbnb 已经成为想要在互联网领域掘金的众多创业者争相效仿的对象。那么，Airbnb 又是如何将自己打造成规模如此之大、影响力如此之强的企业巨头的呢？

Airbnb 成立于 2008 年 8 月，这一名称是“AirBed and Breakfast”的缩写。Airbnb 拥抱移动互联网革命，并使自己的产品根植于以 Facebook、Twitter 为代表的移动社交平台，从而实现了商业、社交、合作、共享的深层次融合。其利润来源主要是收取租客以及出租人一定比例的佣金，通常情况下 Airbnb 收取佣金比例在 6% ~12% 之间，另外出租人还需要向 Airbnb 支付 3% 的佣金作为服务费用。

Airbnb 能够被用户广泛认可，与其低廉的价格是分不开的。以美国旧金山为例，酒店的平均客房价格约为 230 美元，而 Airbnb 用户花费的费用还不到 100 美元，这对许多喜欢旅行的人有着足够的吸引力。更为关键的是，

图：Airbnb 中文网站界面

Airbnb 为用户提供的服务，可以让旅行的人更好地融入到当地的生活中，许多旅行者之所以会选择 Airbnb 就是为了体验当地的风土人情，这些显然是在标准化的酒店中体会不到的。

Airbnb 发布的数据显示，选择普通酒店的旅行者平均逗留时间为 2.8 天，而 Airbnb 用户这一数字则是 5 天，前者的其他平均消费额为 669 美元，而后者的其他平均消费金额却可以达到 978 美元，这对于提升当地的经济来说具有明显的效果。将自己房子租出去的房主，可以获得一笔不错收入，根据 Airbnb 进行的一项调查显示，47% 的房主用出租房屋得到的钱来偿还房租以及房贷。

Airbnb 以超乎常人想象般的速度在飞速发展，2011 年 Airbnb 增长率达到了 800%，从 2014 年 5 月的 1500 万名用户增长到 3500 万名用户只用了一年的时间。目前 Airbnb 在全球 190 多个国家及地区的 3.4 万个城市中，拥有 150

万间登记客房。与此形成明显对比的是，作为全球最大的传统酒店集团之一的希尔顿酒店，在全球 100 多个国家及地区中拥有 4100 多家酒店，拥有大约 68 万间客房，其市值为 270 亿美元。

2. Airbnb 如何重构传统商业模式

许多人可能并不了解 Airbnb，但在许多熟悉互联网的人眼中，它早已经成为一个“现象级”企业。Airbnb 作为传统酒店行业的颠覆者，通过优质便捷的服务让远在异国他乡的旅客也能拥有自己的世界。

毕业于美国罗德岛设计学院的 Brian Chesky 与 Joe Gebbia 在前往旧金山后，两人合租了一个公寓。原本想要在旧金山开始为自己的事业奋斗的二人，却苦于无法找到合适的工作，生活一度陷入困境，万般无奈的他们只能选择出租公寓的空闲房间来维持生计。

2007 年由于旧金山要举办一个设计展，来自各地的众多参展人员使周边的旅店全部爆满，一些人为订不到房间而发愁，两人从中发现了商机。他们通过自己创建的简易网站，做起了“家庭旅店”的生意，并在网站上展示了包含 3 张空气床垫的图片，还承诺会为租客提供家庭早餐。出租过程十分顺利，两人将 3 张空床以每天 80 美元的价格租给了 3 位租客。

初试成功的二人，找到了精通网络技术的前室友 Nathan Blecharczyk，在三人的共同努力下，Airbnb 由此诞生。2008 年 8 月，民主党大会期间酒店房源紧缺，他们明白自己的机会来了，精心准备过后的 Airbnb 正式向外界推出，主打早餐与空床结合的模式，并借助社交网络的强大传播力量，使世界各地的旅行者感受到家的温暖。

每个 Airbnb 用户都可以把自己的空置房间信息发送到网站上，Airbnb 会

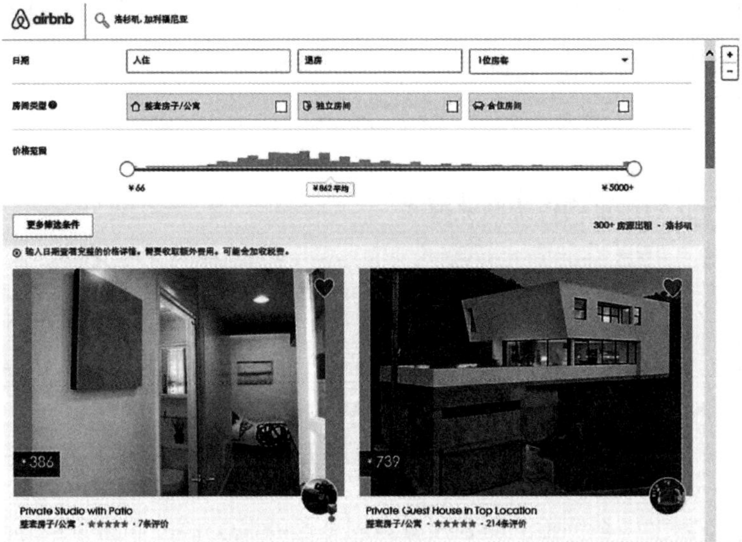

图：Airbnb 的租房界面

帮助他们找到租房者。但开始时效果并不令人满意，甚至很长时间内仅有一两位客户，为了找到公司存在的问题，联合创始人 Brian Chesky 每天都背着行李住在不同的客房中。为了缓解资金压力，他们购买了许多麦片，并亲自设计成两款关于两位总统候选人“奥巴马”及“麦凯恩”的早餐。

通过销售这种极具创意的早餐，他们共筹得了 3 万多美元的资金，但在这之后公司经营又陷入困境，在遭到多个投资机构的拒绝后，Airbnb 得到了美国著名的创业孵化器 Y Combinator 的指导，并获得了 Y Combinator 投资的启动资金 2 万美元，由于没有得到大部分投资人的认可，2009 年 4 月从 Y Combinator 中毕业的 Airbnb 只获得了 60 万美元的种子资金，投资方之一还是 Y Combinator。

2011 年后，Airbnb 的用户数量开始急速增长，到了 2015 年 5 月份，Airbnb 的用户已经达到了 3500 万，并且还在持续增长，估值激增至 255 亿美元，成功超过世界著名的万豪国际酒店集团的230亿美元估值。2015年，有着“股神”之称的巴菲特在年度股东大会的公开信中，对Airbnb给与了高度评价，这使得Airbnb的热度被再一次提升。

Airbnb的到底有什么样的魅力能吸引如此之多的全球用户？我们可以从Jonathan身上发生的真实故事中发现其中的奥秘。

小时候痴迷于陶艺的Jonathan，长大后却因为繁忙的工作，而没有时间继续追求自己的“陶瓷梦”。一天他在社交网站中发现了Airbnb网站的信息后，决定将自己家的一个空闲房间向外出租。正是这个决定改变了他一生的命运轨迹，由于他真诚而友好的态度，租客们与Jonathan建立了深厚的友谊。

获得额外收入的Jonathan可以不用像以前一样拼命地工作，他有了更多的时间来陪伴自己的家人，更为关键的是，他有了充足的时间来实现自己的“陶瓷梦”。一段时间后，他亲手设计的陶瓷灯已经成为城市精品店中的紧俏品。由于他设计的产品独具一格，他因此获得了风投机构的种子资金，并成为了美国著名连锁公司Urban Outfitters的合作伙伴。

Airbnb没有自己的房间、也没有旅游项目，公司中的“重资产”可能就是那些租来的、用于为客房免费拍照的优质摄像机。可以说，Airbnb非常擅长利用闲置资源，无论是房产这种有形资源，还是才艺、兴趣这种无形资产，都能通过Airbnb构建的网络实现有效对接。在Airbnb平台上，个人的社会角色被重新定义，通过全新的产品及服务的创造，使参与者获得了极大的价值。

无论是租客还是房主，他们在Airbnb上体验到的都不只是简单的交易，而是一套完善的智能化解决方案。租客可以通过平台提供的搜索服务，对自己租住的房间进行精细筛选，从而找到自己满意的房间类型、租期、价格；房主也可以对出租房间的准则进行明确，充分展示出自己的个性。

此外，Airbnb 还创造出了被消费者广泛认可的移动端应用，这使得用户可以享受到基于地理位置的搜索服务，从而快速定位附近的客房。Airbnb 通过大数据、云计算等技术的应用，为用户开发出了一个自动在线旅游指南。自动在线旅游指南以“协同过滤”网络为核心，能让 Airbnb 用户找到当地富有地域特色的美食、景点、娱乐场所等，在短时间内为用户快速生成高质量的推荐。

Airbnb 所创造的独特价值在于通过人文关怀彰显个性需求，以信任网络提倡资源共享，以即时交互强化服务。这种全新的商业运营模式，使得人们的消费行为及消费需求发生了巨大的改变，它以人的属性为主体，颠覆了传统商业模式中产品生产、商家、客户等核心要素的内涵。

从某种意义上说，Airbnb 是互联网时代传统酒店服务业创新发展的经典之作。事实上，与 Airbnb 相同或者相似的运营模式的企业，在其他领域也有着众多的典型代表，比如，出行领域的 Uber、餐饮领域的 Eatwith、医疗领域的 Medicast、手工艺品领域的 Etsy、图书共享领域的 Chegg 等。

这些传统商业模式的颠覆者，都在最大程度上满足用户的个性需求，最大程度上减少资源的浪费，围绕共享经济这一主题，不仅实现了个体价值的创造及个性化的追求，还成为了实现经济可持续发展的典型代表。

3. Airbnb 的模式创新与人文关怀

以 Airbnb 为代表的时代创新“弄潮儿”，正表现出了线上与线下实现深度融合的人们如何旅行、如何享受美食、如何分享知识、如何融资、如何交易的真实缩影。随着共享经济在各领域的渗透和发展，人类的商业发展史也必将迎来一个重要的转折点。

下面，就以 Airbnb 为例，展示共享经济这一商业模式的创新之处。

商业模式的完善与创新，最重要的体现便在于人文关怀，企业不只是让消费者享受到性价比极高的产品及服务，或者是向用户传递具有创新性的社交信息，而是要把毫无感情色彩的产品及服务，转变为具有一定温度、情感、生命意义的存在。

而 Airbnb 不仅能够让用户享受到优质的食宿服务，还能为用户带来友谊与快乐，并使其体验到不同地域风情的人文关怀。

人文关怀表现在商业模式中，主要有三种考核指标：个性化、参与感及选择性。毫无个性的严格标准化是对人性的压制，追求个性是实现自我的前提条件，它也是人生精神追求的最高层次；参与感是体现人文关怀的重要标准，它强调在产品及服务的创造过程中，使更多的人参与进来，从而共同创造价值；选择性表现在价值创造的参与者具有多元化的选择，强迫他人接受的价值创造则很难具有真正的人文关怀。

一般说来，具备浓厚人文关怀氛围的商业模式具有 3 个核心层次：

具备人文关怀的商业模式的 3 个层次

◇**紧抓用户痛点**

伟大的企业的诞生，不是在于这家企业取得了多么伟大的成就，而是通过自己的创新解决了哪些痛点问题，从而对整个行业领域产生了巨大的影响。

硅谷中，那些专注于解决行业痛点的小微企业，正是那些风投机构最喜欢的投资对象。比如：解决了让用户同时阅读多个自媒体内容的实时“出版”杂志 Flipboard，拥有 1 亿多名用户，估值超过了 10 亿美元；解决了人们对家居设计个性化及定制化需求痛点的在线家居装饰分享平台 Houzz，估值将近 30 亿美元，能为用户提供上百万款不同风格的设计作品。

Airbnb 解决的痛点在于，它让那些远在他乡的游客从追求简单的食宿，转变为如何使自己获得更有人文关怀的旅游体验，甚至重新开始一段别样的人生。在 Airbnb 的服务中，消费者得到的不是单调枯燥的标准化房间，而是温馨舒适、和睦融洽的家居体验。

凡是出现任何有违“人文关怀”价值的情况，都是 Airbnb 要着力解决的痛点。抓住这些影响消费者体验的痛点，并进行全力优化及改造，Airbnb 就能在未来的发展中占得先机，从而将自己打造成一个旅游出行全产业链的商业帝国。

◇**刺激 “动物精神”**

2010 年，由两位著名经济学家乔治·阿克洛夫（George Akerof）与罗伯特·希勒（Robert J. Shiller）发表的经济学著作《动物精神》中，对统治了人类将近两个世纪的传统经济学发起了挑战。他们认为，资本市场以及经济的波动，不只是与理性的定量化供需有关，与人类的心理因素及行为因素也存在着密切的关联。

比如，人们会因为心理因素的影响，对未来丧失信心，变得麻木及悲观，此时人们的消费及投资意愿会大幅度降低，从而造成社会有效需求严重不足，最终导致经济停滞，甚至导致经济发生断崖式下跌。而当我们掌握了这一原理时，也可以通过有效的手段对消费者进行正向刺激，从而推动企业及经济的发展。

2011 年，Airbnb 亲自拍摄客房的图片后，用户实现了迅猛增长，这就是一种典型的应用“动物精神”原理对消费者进行正向刺激。而且身为 Airbnb 创始人的 Brian Chesky 通过不断地使用自己的产品，从而能够站在用户的角度发现用户需求。为了为用户创造更好的体验，他邀请了世界著名的皮克斯动画制作公司中的技术人员，为 Airbnb 设计了多种不同场景的旅行故事，比如旅客走出机场、搭乘出租车到客房、用户和房主第一次交流等。

◇ “与世界共情” 的新理念

移动互联网时代，陷入困境的众多企业难以实现转型升级，不是因为它们缺少资源，而是因为缺少人文关怀、不具备“与世界共情”的理念。而能够“与世界共情”的企业对用户、对合作伙伴、对竞争对手、对社会，甚至是对世界都是有价值的，而不会为了一己之私而损害他人的正当权益。

一个企业的价值理念应该顺应整个时代的价值追求。企业在追求自己利益的同时，需要与消费者的需求形成一种动态平衡。那些产能过剩的传统企业，往往就是没有把握好二者之间的平衡，没有寻找到与他人之间有价值的共鸣。

2014 年李彦宏在“百度技术节”的演讲中表示：“技术是一种信仰，移动则是一种思维。我们这批人对技术有一个信仰，我们不仅把它当作一个工具，我们更相信技术可以改变中国，技术可以改变世界。”这正是百度人拥有的“与世界共情”的价值理念。无论是特斯拉，还是苹果，甚至是 Facebook，

“与世界共情”无一不是它们拥有的企业理念。

社会中存在许多与社会发展潮流相违背的企业。比如，许多传统酒店不去反思自己违背人们对人文关怀的需求，仍旧在大肆开发、跑马圈地，不断地占有越来越少的土地资源，建立起一座又一座冷冰冰的摩天大厦。它们想要通过规模化及产业化来建立核心竞争优势，但这种逻辑和人们需求的不对等，早已注定了它们失败的结局。

如上所述，这三个核心层次对企业商业模式中的供需关系、企业与用户关系、企业与利益相关者关系进行了重新定义，企业的存在价值由此发生了质的改变。

4. Airbnb 启示录：信任机制 VS 角色转变

通过无处不在的互联网，Airbnb 有效地整合了全世界的闲置资源，激励更多的人参与进来、互助共享，形成了牢固的信任网络。

◇信任是关键

移动互联网时代，要实现人与人之间的连接不是问题，但更为关键的是，如何让这种连接笼罩在彼此信任的氛围之下。信任网络的构建是很难实现的理想状态，对于 Airbnb 来说，最大的难题便是如何让房主与租客之间有足够的信任。

2011 年 7 月，Airbnb 发生了自成立以来最为严重的信任危机，一位将房子出租出去的房主 EJ 发现自己的家被租客洗劫一空，事件经过众多社交媒体的曝光后，包括竞争对手在内的许多人开始指责 Airbnb 的运营模式，这使企业遭遇到了严重的危机。

但机遇向来与挑战并存，Airbnb 积极帮助房主挽回损失，并迅速地建立了一套完善的帮助房主与租客建立信任的解决方案，从而赢得了广大用户的尊重，企业的发展也进入了一个新的高度。

比如，Airbnb 开发了全新的身份验证模块，通过使房主或租客的账号关联其他的社交媒体账号，比如 Facebook、Twitter，从而获取用户的信息；在平台上添加实名认证功能，通过实名制有效地增强了房主与租客之间的信任。此外，还通过社交网络中的点赞、评估功能，让房主与租客通过线上交流来建立信任。这些增强信任网络的方式也被 Facebook、Uber 等平台广泛使用。

在中国，诚信问题是一个亟需解决的社会问题，国内以往注重建立诚信机制的领域一般局限于金融机构的贷款抵押，而且由于网络实名制在国内并未全面普及，想要通过社交方式建立信任网络还有很长的一段路要走。

作为中国商界第一高端人脉与网络社交平台的正和岛提出："让有信用的企业家在一起，让在一起的企业家更有信用。"

人们可能认为企业家们开会迟到似乎并不是什么大事，但是在正和岛的理念中，如果一个人在小事上不遵守诺言，大事上也很可能无法遵守自己的承诺。因此，在平时的会议中正和岛会向企业家们强调与他人建立信任要从小事做起。此外，正和岛还有一个规定，凡是迟到或者早退的人都要主动捐出 100 ~3000 元不等的罚金。

一个人尊重时间也是其尊重诚信的开始。这些制度推行了一段时间后，取得了明显的效果。在正和岛平台中，虽然企业家们之间沟通合作的成本相对较低，但以往一些不重视诚信的企业家在整个平台构筑的网络中也更加注意自己的行为。凭借 400 多名企业家构建的信任网络，正和岛以其强大的影响力创造了巨大的价值。

◇转变个人角色

采用线性价值链运营模式的传统酒店行业中，所有的消费者及商家的一切交易行为都围绕着传统酒店展开，无法使更多的人参与到价值的创造之中。传统酒店的商业模式下，企业与员工之间的雇佣关系，企业与消费者之间的交易关系等都是固定不变的。

而 Airbnb 构建的信任网络却并非如此，它使参与者的角色发生了转变。Airbnb 颠覆了传统酒店业的线性价值链运营模式，使更多的人能够成为价值创造者。Airbnb 不拥有任何酒店，每个人都可以在平台上选择自己所需的生活空间。用户既可以是产品及服务的消费者，也可以是产品及服务的创造者。

Airbnb 使得企业、员工及消费者的社会属性发生了转变，最大程度地提升了价值创造主体的积极性。未来，人们通过无处不在的互联网架起的开放、共享、诚信的桥梁，将共同缔造出一个自由、平等、充满正能量的新商业文明。

第二节 Airbnb 与“中国版 Airbnb”的思考

1. Airbnb 在中国市场的营销备战

2015 年 8 月 18 日，美国共享短租巨头 Airbnb 终于正式开始涉足中国市场。而这期间，“中国版 Airbnb”也进行着层出不穷的实践，如木鸟短租完成 A 轮 6000 万元融资、蚂蚁短租积极寻求战略合作等等。那么，Airbnb 在进驻之前是如何进行市场培育的呢?

◇以情感营销进行市场预热

在诸多营销方式中，情感营销一直受到业界的追捧，以切中消费者情感需求的方式来进行营销，把“卖产品”巧妙地转变为“卖情感”，提高了消费者的接受度。

就 Airbnb 所进行的情感营销来说，其主要关注重点在于强调人与人之间的情感沟通，比如宣传境外游客在中国民宿居住时所获得的体验，社交、旅行等多种元素的融合，使租房本身商业性质淡化，给人带来“租房原来还能交到朋友”的新鲜感，在不知不觉中对目标群体的思维习惯进行影响。

◇以事件营销进行影响力铺垫

Airbnb 在未正式公布踏足中国市场之前，就已经制造了一系列的事件来进行营销。

在微博平台上，Airbnb 始终坚持着日常信息的维护，保持曝光率。如携手中国设计师打造动画《爱的白日梦》、制造“美屋藏不住”等热点话题、在七夕推出“和爱人一起逃过免费游”的活动等等，让与品牌相关的信息始终出现在人们的视野当中。

◇以“自我”引爆“群体”，打造高明的自我营销模式

在微信、微博等诸多社交平台上，与Airbnb有关的文章始终保持着很高的点击率。其中虽不乏专业人士的分析，但有很大一部分也是Airbnb的“自导自演”。比如，媒体上突然出现一篇文章介绍Airbnb创业的成功，揭示出有人曾错过了Airbnb的投资导致现在错失千倍回报。但不久之后又会出现一篇文章来揭露Airbnb曾濒临破产的事实，为创业者提供参考。这种乐此不疲的自黑和自我分析无疑会赢得人们的关注，是一种很高明的自我营销模式。

在对市场进行预热和铺垫得差不多之后，Airbnb带着红杉资本和宽带资本两大王牌出现在国人的视线中。Airbnb在中国区的创始人透露，目前Airbnb在中国的市场关注重点主要是中国游客的出境旅游市场，也就是对中国房东和境外游客以及中国游客和境外房东之间存在的租房市场进行开发，而国内市场则放在其次。

尽管Airbnb拥有极高的知名度和领先的模式，但是能否真正适应中国本土环境是决定其未来发展状态的关键点。虽然经过了一年半的市场预热，但是真正涉足其中却是遇到了一些坎坷。

Airbnb面对的是对环境知根知底的本土对手。“中国版Airbnb”扎根于本国土壤，占尽天时地利人和，在形成了自己的发展模式并积累了自己的粉丝群体之后，其发展本身就比Airbnb领先一步，再加上投资方的看好更是使其如虎添翼。

在这之前，有不少国外网站高调登陆中国，但是谁都没有收获绝对的成功。MSN 在发展过程中逐渐被本土的 QQ 挤占掉了市场，而雅虎中国先是被阿里收购、继而被阿里关闭业务。此外还有 Google（谷歌）、eBay（易贝）等，都因不能适应环境而惨淡收兵，而淘宝、京东、微博等本土产物依然活跃在市场上。

如今，互联网在全球发展，国与国之间几乎不存在界限，但是互联网公司却是有国界的。互联网公司的经营受到文化环境、消费者的消费习惯等诸多因素影响，再优秀的理论放到不同的实践环境中也有可能发生变化。

2. “中国版 Airbnb” 模式的市场格局

2014 年以来，Airbnb 呈现出迅猛的发展态势，在其影响之下，“中国版 Airbnb” 也不甘示弱，纷纷崛起。经过与中国本土环境的不断磨合，逐步衍生出了以下几种“中国版 Airbnb” 模式：途家模式、木鸟短租模式、住百家模式等。与此同时，中国短租市场的潜力也激发了投资者的投资热情，其中木鸟短租 A 轮融资斩获 6000 万元人民币，随之途家 D 轮融资 2.5 亿美元。

紧接着 Airbnb 以强势的姿态进驻中国，这都表示短租市场进入了一个“百花齐放” 的繁荣发展阶段，与此同时竞争也将趋于激烈。

◇途家： 国内度假房产和自营的结合体

途家网利用了现在非常火热的共享经济的概念，通过自住房之间的交换居住，为人们的旅游提供方便。这实际上是一种从居住环境到文化环境的交换，而从产业角度来说则是一种旅游度假产业，是度假房产市场的一部分。

对于旅游城市来说，存在着很多季节性房屋。途家从很多个人和商家手中接管房屋，对其进行从装修到管理的统一，然后作为度假屋进行出租，所得利润同房东进行五五分成。这样的方式省去了房东很多后续管理上的麻烦，

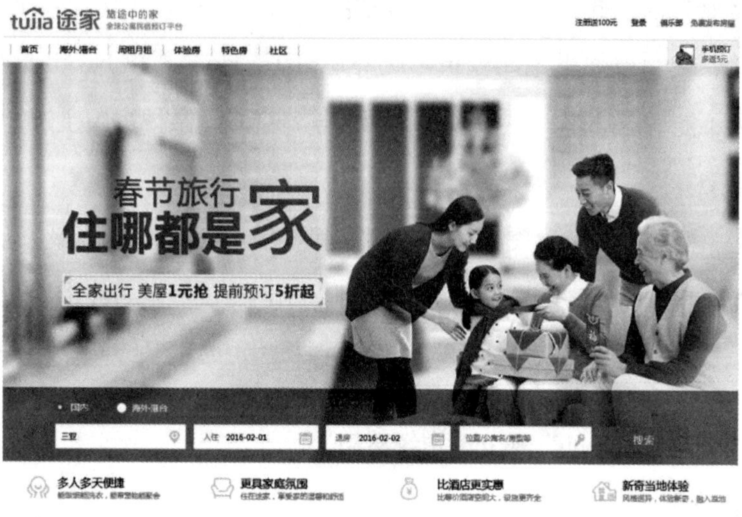

图：途家网界面

因此受到了热烈的欢迎。

这一模式的优势在于充分解读了共享经济的概念，灵活发展 Airbnb 模式，有效利用闲置资源，同时满足了旅游市场的部分短租需求。

而其弱点则在于很难对一个城市的途家模式进行完全复制，因为这需要极大的人力、物力、财力成本。而在互联网大背景下的快速经济中，无法保证高效的获利就意味着失败的高风险。

◇木鸟短租：一个中国 Airbnb 的“淘宝商场”

Airbnb 的风靡自然引来一批狂热的中国“粉丝”。但这批“粉丝”狂热却不盲目，他们在 Airbnb 的基础上冷静分析中国环境，根据具体国情来打造中国化的 Airbnb。

例如蚂蚁短租便继承了 Airbnb 的部分基础性模式，把目光锁定在“全家出游”的领域，主打整套租房，为现在消费者愈加重视的隐私观念提供良好

图：木鸟短租平台提供的房屋类型

的空间。而木鸟短租则不同，其房源类型更为齐全，上到整套租房，下到出租床位，更是从民居到树屋应有尽有。这样多样化的选择满足了更多消费者的需求，且更容易受到年轻群体以及 80 后的商务群体的欢迎。

这一模式的优点在于发展成本较低，具有相当的灵活性，易复制因而易于见效果。此外对轻社交功能的重视也符合互联网经济发展大势。

但其缺点也是显而易见的，那就是管理难度加大，很难完全保证房东的素质，住宿条件存在卫生、安全等一系列问题。

◇住百家：重点在跨境，是进行筛选过后的“天猫”

住百家一个显著的特征便是对房东和房源都进行严格的筛选，审核方式有线上视频、电话和线上数据等。相比较其他“无所不包”的模式而言，住百家显然在品质上更为优越，是一个经过优化过后的“天猫”模式，避免了虚假房源的出现。与此同时，其还通过明星代言的方式来利用粉丝效应，极大提升了品牌影响力。

图：住百家提供的服务

由于跨境市场正处于发展的上升期，市场前景广阔，因此这一模式的发展前景是可观的。再加上众多明星的代言提高了其公众关注度，带来了明显的营销效果。

但其发展还面临巨大压力，那就是国外 Airbnb 品牌的知名度不断上升。同在跨境市场上，其难免受到对方舆论优势和市场主导的影响。

3. 共享短租模式的痛点及解决方案

◇品牌选择问题

如今短租市场品牌层出不穷，但是品牌形象性却相对单薄。品牌与民宿的有机结合，也就是把多元化进行统一，这是十分值得短租品牌注意的问题。现在的情况是消费者从短租平台上选择了房源，在入住体验时很难记住这究竟是谁家的房源。

要解决这个问题，最好的方法就是把品牌下的所有房源从装修风格到管理模式都进行统一，以此来加强品牌印象，使租客进行体验时能看见环境就联想到品牌。当然，这一过程的实现需要巨大的成本投入。

◇权益保障问责

消费者权益保障一直是各行各业关注的热点，短租平台也是如此。因此，国家对于 O2O 应用的相关法律应当尽早出台，以明确责任归属问题。

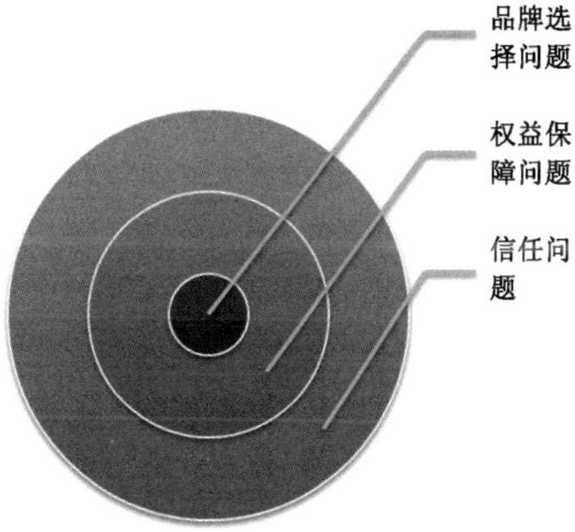

图：共享短租模式的三大痛点

就这一点来说，各个短租平台确实也在采取措施来尽可能保障消费者的权益，如蚂蚁短租的“100% 的住房保障计划”、木鸟短租的“房东房客租住保障公约”等。尽管如此，关于此方面的法律仍不够完善，第三方平台所扮演的仅仅是一个调解员的角色，而法律才是保障权益最有力的武器。

◇**信任问题**

在信用危机高发的当下，短租平台这个尤其需要信用来支撑的行业正不断加强管理和监督，尽最大可能给消费者以安全感。

但是，短租行业“假诚信”的现象依然时有发生。不少短租平台名义上是以房源的真实做幌子进行宣传，事实上却利用各种手段美化照片，提供给消费者不真实信息，最终对整个行业的信用都带来恶劣的影响。这种美化房源的行为极容易让消费者失望，尤其是在租房这种需要亲临环境去体验的消费形式中，心理的落差容易出现，信任一旦崩塌就很难再重新建立。

要想解决这个问题，短租平台必须从自身做起，杜绝一切虚化、美化房源的形式，并对房源筛选进行严格把关，核定房东身份，必要时还可以向房东收取一定的保障金。通过实时视频、实地考察等方式，从源头上保证房源真实。此外，为了杜绝虚假房源，短租平台还可以采取一些硬性措施，例如房主违规次数超过一定限制，就会对其所有信息进行一个期限内的屏蔽，直到其再次通过审核为止。

除了对房源的审核之外，对于消费者的入住行为也应进行限制，从而能够在消费双方之间建立双向信任的机制。

第三节 小猪短租：Airbnb 模式的本土化实践

1. 小猪短租“共享模式”的实践法则

我们常规理解上的 O2O，不过是将线下资源搬到线上平台，线上下单，线下支付和消费的一种方式。但是在小猪短租看来，尽管在线短租行业属于 O2O 的范畴，但是戴上了“共享经济”帽子的 O2O，又变成了另外一番光景。

开启短租之风的 Airbnb 创造了共享经济模式，在这种全新的经济模式中，人们将自己闲置的资源租给有需要的人群，并从中收取一定的费用。在这种市场模式下，“人”的价值至关重要。

◇供给的背后，“人”具有重要的价值

在线短租，最重要的就是房源。而小猪短租在上线的时候，国内市场上根本没有由个人提供的短租房源，大部分的房源基本来自于中介等方面。在当时的市场环境下，供给的主体还停留在“房源”这一层面上。

但是在对共享经济模式的深入探索和理解的基础上，小猪短租始终相信在供给的背后，“人”才是真正发挥作用的主体，只有“人”愿意将自己的闲置房源分享出来，才能真正解决供给的问题。因此，尽管在许多人看来将市场上已有的房源搬到线上更容易一些，小猪短租却始终没有这样走，在经历了一段迷茫和思索之后，小猪短租开始尝试通过社交路径去直接接触个人房东，并通过他们的意愿来获取房源。

◇建团队，更好地为个人房东服务

在收获了第一批个人房东之后，各种各样的问题也接踵而至，许多房东在刚听说这种模式时，首先都会产生各种各样的疑虑，比如我的房子适不适合做短租、应该怎样做等。在传统的O2O领域根本不会存在这样的问题，而在共享经济下的O2O，这一问题就事关市场供给的质量以及水平，因此这一问题的有效解决具有重要的意义。

为此，小猪短租专门成立了一支为个人房东解疑答惑、提供服务的线下运营团队，不仅会为房东解答困惑，同时还为他们提供各种各样的建议，从房间的装饰到定价，再到接待客人应该注意的问题等。

在一切准备就绪，只等房客上门的时候，又开始出现了另一个问题，房东与房客之间应该怎样进行选择？小猪短租的创业团队根据自己做短租房东的经验，为房东提供了独特的解决方案。

◇用人情味，拉近陌生人之间的距离

当有短租需求的房客在小猪短租平台上选择了自己满意的房源之后，需要与房东进行线上沟通。房客将主要围绕房子的卫生状况、是否需要缴纳押金、是否可以带宠物入住等与房东进行沟通，而房东则希望能够了解房客的生活习惯、到达这里的目的、个人健康状况等。

如果双方能够达成一致，交易将会继续。在达成交易，房客顺利入住之后，房东与房客之间依然存在各种交互行为，因此，社交元素在整个交易环节中是必不可少的一部分。

当然，不管是对房东还是对房客，都需要提前进行真实身份信息的验证，当真实身份被锁定后，两个人就从陌生的关系变成了熟人社会，在这种情景之下，双方都会自觉约束自己的行为，这样一来，整个交易中将会充满更多的人情味。

在房客租住期间，房东可能会邀请房客一起共进晚餐以及游玩，而房客也会为了感谢房东的关注，为房东做一顿丰盛的饭菜或者为房东寄去家乡特产。在交易的过程中，双方都将经历一段有趣的经历，并建立和谐的关系。而正是因为在交易过程中的社交行为，将会增强用户的黏性，实现重复交易，从而保证整个平台能够健康、持续发展。

◇ “优胜劣汰” 法则， 始终确保优质供给

为了确保房东和房客在交易过程中能够自觉约束自己的行为，小猪短租还建立了互评机制，要求在交易结束之后，双方要对彼此进行评价，而这些评价的内容都将呈现在平台上。

图：小猪短租平台上的房东日记和房客点评

房源的质量、房东的服务质量以及房客的点评等因素，将会影响房源的排列顺序。那些在平台上有较好信誉以及评价的房东在搜索过程中更容易被搜到，并获得更多的订单。通过这种“优胜劣汰”法则可以始终确保在市场

上有优质的供给。

此外，通过房东与房客的互评机制，房客的行为也将得到一定的约束，从而保证房东的权益。

在共享经济的模式下，“人”才是市场供给的根本，小猪短租抱着这一信念通过社交途径为自己笼络了大量的个人房东，为在线短租的实现提供了重要的市场供给。通过对社交元素的利用，给平台增加了更多的人情味，将简单的交易升华到了一种新的高度，逐渐形成了自己的竞争优势。

2. 平台战略：“Airbnb + 淘宝”混合模式

近几年，在租房市场 O2O 领域兴起了一种新事物，即网络短租平台。旅游、临时出差、考研、考公务员等短租需求的持续上升，使得经济实惠、灵活方便的短租市场呈现出了火爆的局面。短租行业开始如火如荼地开展起来，各种各样的网络短租平台纷纷上线，在市场上掀起了一股在线短租之风。

小猪短租就是一种具有代表性的网络短租平台，从通过社交途径获得第一批个人房东，到引入房客房东互评机制，再到依靠口碑传播扩大平台影响力，小猪短租已经创立了一套独具特色的运营方式，为在线短租行业树立了良好的典范。

尽管短租模式带来了更加实惠、便利的租房体验，但是短租模式中诚信体系的建设、用户体验等诸多问题仍然是阻碍其发挥市场效应的障碍。

2012 年 8 月，小猪短租正式上线，在运营不满半年的时间之后就获得了晨兴创投提供的千万美元的投资，这种资本走向也说明了短租市场拥有良好的市场前景。

所谓的在线短租平台就是为个人房东以及租客提供在线交易的第三方平

图：小猪短租平台的房客指南

台，通过线下运营团队或者结合中介代理，搜集线下房源，同时在平台上提供房屋搜索以及交易担保服务，促成房东与房客之间的交易。而平台则通过收取一定的房屋租金或广告费来盈利。

小猪短租就是一种第三方服务平台，为有闲置房屋资源的个人房东以及有短租需求的房客提供一个沟通交流的平台，并促成双方的交易。与携程、艺龙不同的是，在小猪短租平台上，消费者用户面对的不是酒店，而是拥有个人闲置房源的房东。小猪短租平台不参与到双方的交易中去，只是为双方提供交易担保以及线下服务。

从本质上说，小猪短租的运营模式类似于“淘宝”，平台的目标就是促成房东与房客之间的交易。淘宝是全品类的 C2C（个人与个人之间的电子商务）模式，而小猪短租是房屋租赁品类的 C2C，并通过收取交易金额的 10% 作为收益。

小猪短租借鉴了 Airbnb 模式，为房东和用户提供线上撮合服务。在线预订交易按照房源不同可以分为两种形式：一种是个人房东将自己闲置的房屋资源出租给有短租需求的租客；另一种是职业租客专门从事的出租经营业务。

共享经济下的短租平台，房东将自己闲置的房屋资源分享到平台上，有短租需求的租客在平台上寻找合适的房源，双方在经过沟通之后达成交易。通过这种短租服务，房东可以将自己的资源充分利用起来，并获得一定的收益，而房客也可以租到更加经济实惠的住所。尽管从目前来看，这种短租平台模式难以实现广泛的推广，但是未来随着条件的日渐成熟，这种短租平台模式或将在国内掀起一股短租潮流。

3. 双重保险体系：保障房东与用户的利益

在美国等西方国家普遍存在家庭式旅馆以及换房出游等现象，因此这种在线短租在国外的认可度比较高，并且推广也比较顺利。有数据显示，美国的在线酒店业务中，短租房的预定量达到了 37%。

而相比之下，国内不管是消费者还是房东对这种短租模式都比较陌生，而且在国内由于信用体系的问题，很多房东宁愿闲置自己的房屋资源，也不愿意将其租给陌生人，因此小猪短租的房源最初主要是来自于熟络的个人或者中介。因此，在线短租模式要想取得突破性的进展，首先要打破横亘在房东、消费者以及运营公司之间的称之为“不信任”的屏障，拉近彼此的关系。

小猪短租 CEO 陈驰最初是邀请自己的父母参与了进来，将自己家中空着的卧室分享到平台上出租。在当时的国内环境下，这种模式要想实现广泛的推广，发展一批忠实的种子房东具有至关重要的作用，只有在他们获得了真实的体验之后，产生的口碑效应才能真正将这一模式推广到更大范围。

闲置房源的出租对于房东以及租客来说是一件双赢的事情，但是出于对安全的疑虑，大多数个人房东对这种短租平台模式仍然存在诸多怀疑，小猪短租在找寻一批种子房东的第一步就遭遇了难题。于是，陈驰决定先从自己身边的家人、朋友、同事下手，作为第一批吃螃蟹的人，他们在这种短租模式中也尝到了甜头，通过闲置房间的出租获得了一部分回报，不仅减轻了经济负担，同时也因此结识了更多有趣的朋友。

Airbnb 是从个人分享切入并逐渐延伸至职业短租客的；而国内由于诚信体系不健全和不成熟的社会环境，采取了截然相反的发展路径，从职业短租客入手逐渐培养用户的使用习惯，从而吸引个人用户加入到这一行列，打通个人用户分享的通道。

在国内社会诚信缺失的大背景下，在线短租平台上双方在交易中的诚信问题是影响交易能否撮合成功的关键要素。因此，为房东和房客之间的交易提供安全和诚信保障对在线短租模式的发展具有重要的意义。小猪短租目前正在与国信通接触，协调解决身份证识别的问题。同时还与保险机构达成合作协议，为房东与租客的交易提供双重保险体系。

图：小猪短租平台的安全机制和信用机制

小猪短租在经过了几年的发展之后，平台上已经汇集了一定数量的用户，并且呈现出了一些群体性的特征。用户的年龄主要集中在 18 ~ 32 岁，其中学生用户占了多数，由于学生群体收入偏低甚至于没有收入，因此这种经济实惠的短租模式更容易获得他们的青睐。据调查，平台上的用户之所以选择短租房，有接近50%的人是为了旅行，而10%的用户是商务出行，30%的用户是为了学习或看病，10%的用户属于过渡性住宿。

随着旅行出行需求的不断上升，短租需求将呈现爆发式的增长，短租之风也将席卷更多的城市，有短租需求的用户也将实现规模增长。目前，小猪短租的目标并不是为了实现盈利，而是旨在培养市场上的消费意识，未来，随着消费意识的形成以及用户使用习惯的养成，这种在线短租平台将成为人们旅行、商务、学习等的必需品。

第 3 章

共享办公：众创时代，开启“空间共享”新业态

第一节 WeWork：联合办公引领商务办公新时代

1. WeWork：掀起联合办公新浪潮

2010年创办于美国纽约的WeWork，乃是联合办公模式经典之作。与传统的服务式办公室所不同的是，它不仅让拥有不同文化、不同背景的人共享办公资源，还鼓励人们在公共办公空间内交流合作。这种来自不同行业的思维跨界融合所产生的创造力，远不是传统的封闭式办公所能提供的。

2015年10月，WeWork在完成新一轮的9.69亿美元的融资后，其估值已经达到100亿美元，成为了纽约最具价值的创业公司。

目前，WeWork的主要业务是将其租赁的大面积办公空间分割，然后转租给创业者，并提供运营服务，而且鼓励共享办公资源的创业者们进行创意交流。WeWork希望为那些为了生活而非生存的人们提供办公场所。

相对于国内的写字楼运营模式而言，作为对传统办公模式进行颠覆性创新的WeWork，其创新之处主要表现在以下四个方面：

◇地产开发到地产运营的轻资产变革

随着我国城市化进程的推进，商业地产仍处于增长状态，但传统地产开发模式要经过拿地、设计、开发、招商等多个环节，而且需要投入大量资金，资金回笼周期十分漫长。WeWork通过对物业服务进行改造，从地产开发蜕变为地产运营，能将资金回笼周期控制在几个月之内。

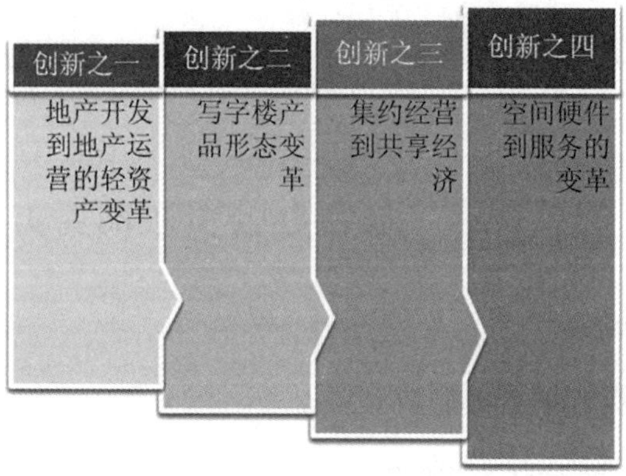

图：WeWork 的四大创新之处

◇写字楼产品形态变革

WeWork 对办公产品的创新得到了广大创业者的一致认可。创业者从整租固定的面积转变为租工位，租赁的产品从非标准产品升级为标准产品，有效解决了写字楼运营模式要依赖复杂的户型、楼层、使用率、面积等多项指标来进行业绩考核的痛点。

此外，十分灵活的租赁周期及租赁标的，使众多创业者可以降低创业失败所带来的风险，让创业者将精力更多地投入到为消费者创造更为优质的产品及服务之中。

◇集约经营到共享经济

入驻其中的创业者，能得到的不再只是简单的工作空间，还能获得前台、咖啡厅、会议室、免费 WIFI 等公共资源。事实上，公共空间对大部分企业而言具有重要的作用，以智能手机、Pad（平板电脑）为代表的移动终端设备给人们的工作带来了极大的便利，人们更加倾向于在更为多元化的空间中进行交流、工作。但大部分写字楼的公共空间使用率普遍较低。

共享经济时代，使用比拥有往往更具价值。WeWork 作为共享经济在办公空间领域的典型应用，对 WeWork 来说，当办公空间中的创业者达到一定的人数时，服务新增创业者的边际成本几乎可以忽略不计，未来经过一段时间的发展后，还可以衍生出类似俱乐部的会员制运营模式，通过降低门槛扩大企业的业务范围。

◇空间硬件到服务的变革

办公空间可以说是企业最为根本的需求，一般情况下，企业在解决了办公空间、公司注册等问题后，才将精力放在生产运营、资金管理、人事管理等方面。而 WeWork 通过为创业者提供增值服务，不仅降低了创业者的采购成本，还有效降低了第三方增值服务商的营销成本。更为关键的是，WeWork 在为创业者带来优质的服务体验的同时，增强了用户黏性，为其实现跨越式发展奠定了坚实的基础。

除了 WeWork 这种写字楼联合办公模式之外，联合办公模式还包括已经在国内市场中出现的服务式办公室模式，其最为典型的代表是 ServOffice。以雷格斯、世鳌国际为代表的办公空间解决方案供应商，仅在北京地区就建立了近百个写字楼，这些写字楼广泛分布在北京地区的朝阳门、国贸等各大商圈。

与 WeWork 一样，ServOffice（世鳌国际）同样具有这四种创新之处，它主打优质办公服务，能为用户提供办公设备、人力资源、行政服务等完善的办公服务解决方案，被业界称为“写字楼化整为零的经典之作”。该模式通过对办公空间分割、提供公共空间服务等，实现集约式管理，有效降低了创业者的创业成本投入，使创业者不用花费较高的资金，也能在一线城市的甲级写字楼内办公。

与 WeWork 模式最大的区别是，ServOffice 的工位全部是私密性较好的独立办公室。选择 ServOffice 的客户多为企业顾问、投资等咨询服务类的创业公司。服务档次及租金相对更高。虽然这种模式为客户提供的是相对封闭的办公空间，但其同样遵循联合办公的理念，鼓励不同的群体之间进行密切的交流合作。

2. WeWork 模式在中国的操作空间

WeWork 高达 100 亿美元的估值，不仅是由于共享经济的价值理念及对办公空间的创新，还在于其广阔的市场前景。

据相关的统计数据显示，WeWork 于 2010 年正式成立时，美国地区的“一人公司”数量已经突破 2000 万大关，全球经济持续低迷的背景下，2015 年美国的自由职业者人数已经上升至 5300 万人，占据总人口的 34%，这些人是联合办公模式的潜在客户群体。

家居办公的 SOHO 模式难免会使自己的工作受到家庭生活的影响，从这一角度来说，WeWork 模式可以看作为一个正式的办公场所，而且大家还可以相互勉励、共同奋斗。

由于中国经济正进入结构性调整的关键时期，再加上众多房地产开发商纷纷转型，存量房时代已经正式拉开序幕，国内市场诞生中国版的 WeWork 也就不难理解了。

大众创业、万众创新的“双创时代”，国家的创业利好政策不断出台，共享办公市场形势一片大好。2015 年上半年，我国新增登记注册市场主体达到 685.1 万户，同比上涨 15.4%。

从产业结构上来看，国内市场中服务业迅速增长，尤其是互联网、现代服务业等新兴产业的快速崛起，对中国经济的发展产生了巨大的推动作用。

随着传统的企业分工向社会分工的逐渐演变，国内市场中占据 85% 比例的私营企业将创造出更大的价值。

与此同时，2014 年中国广义货币供应量余额达到 122.8 万亿元，同比增长 12.2%；狭义货币供应量余额达到了 34.8 万亿元，同比增长 3.2%，受国家货币供应量驱动的资本市场十分活跃。这些盈利能力更强的新兴行业成为资本市场投资的主要目标，海量资金的支撑下，越来越多的人选择离职创业。

然而国内的办公场所却存在着较大的缺口。以北京为例，虽然北京地区的写字楼存量早已超过 1000 万平方米，但截止到 2014 年底，整体空置率保持在 5% 以下，租金一直保持增长状态。

这种情况下，公共建筑以及老旧工业厂房受到了格外重视，众多想要将 WeWork 模式引入中国市场的创业者发现了新的机遇。在产业结构调整的大背景下，北京市外迁大量“三高一低”（高投入、高消耗、高污染、低效益）企业的措施，使大量的老旧工业厂房及批发市场资源得到释放，为商业物业的发展提供了基础。

根据北京市经济和信息化委员会公布的数据显示，北京市城六区以内的老旧厂房数量超过 100 个，存量将近 100 万平方米。京津冀一体化方案的发布，更是让北京市的产业结构调整加快了进程。截止到 2015 年底，北京市朝阳区已经确定的外迁产业项目将近 300 个，其中重点迁移的项目为 245 个专业类的批发市场。

通过 WeWork 模式得到政府给予的政策及税收方面的支持，从而获取老旧厂房、批发市场资源，这将成为国内市场中共享办公模式的主流发展趋势。相比于重新开发，这种模式能节省大量的成本投入。一些老旧的厂房只要经过一定的改造规划，即可创造巨大的价值。如果经营者不想做商业地产运营，也可以与咨询机构及投资机构合作，为客户提供创业孵化、金融投资等服务。

事实上，想要在国内发展 WeWork 模式的企业涉及多个行业，比如房地产开发商、物业服务商、金融机构、孵化器机构等，这些行业中的企业注重的是 WeWork 模式低成本物业的优势。许多创业者未必喜欢在那些位于城市商圈的甲级写字楼中享受高端的硬件设施，他们更为关注的是联合办公所带来的良好的工作氛围。

以北京中关村为例，即使最为普通的写字楼月租金也能达到 200 元/平方米，平均每名员工的工位成本在 1200 元/月以上，这种背景下，那些孵化机构仅通过向创业者提供工位出租很难生存，大部分都是凭借政府补贴勉强度日。如果孵化机构能通过老旧厂房大幅度降低物业成本，以改建的方式扩大物业面积，此时租金压力将得到有效缓解，甚至还能将其发展成为自己的核心竞争力，以免费工位的形式吸引更多的优秀创业者加入，从而获取更大的价值。

3. WeWork 模式能否本土化落地?

表面上看来，国内市场发展中国版 WeWork 模式的各种要素都已具备，但最终决定所有产品及服务能否落地的始终是人的行为，国内外巨大的文化差异可能会成为打造中国版 WeWork 模式的最大障碍。

WeWork 的收费相对于中国的经济发展现状而言并不便宜。每个月的工位租金及服务费用为 350 - 400 美元，换算为人民币大概为 2200 - 2500 元，其价格超过了北京平均创业机构的工位价格。中国人的普遍思维是：当价格超过自己的心理预期时，就会以“每平米价格”来考虑租金成本，而对那些服务增值部分选择性忽略。为此，要想在国内发展 WeWork 模式必须在收费方面有所创新。

图：WeWork 的收费示例

在 WeWork 中，技术、教育、金融、创意等各种背景的客户可以愉快地进行交流、合作、共享资源，由此所产生的价值也正是 WeWork 模式的精髓所在。而国内市场中，似乎只有那些科技孵化机构才具有这种“联合办公”的属性，同种行业或者是相关行业的人在一起建立信任后，共享技术、信息等资源实现共同发展。

如果中国版的 WeWork 不能通过聚集多种行业的创业者实现价值叠加，而只是简单地将一些不同行业的创业者放在一起，那和几家公司“合租”又有什么本质的区别?

移动办公习惯的差异也是打造中国版 WeWork 模式的一大阻碍。24 小时可以使用的办公场所，对美国的创业者来说可以有效减少办公成本。从 WeWork 的经营状况中，可以很好地验证这一点：2015 年 WeWork 拥有的办公空间为 1.86 万平方米，可以让 3000 个会员同时办公，而 WeWork 的会员总数却

图：WeWork 提供的服务

已经达到了 1.4 万人。

如果是在国内，这已经远远超出了运营方的承受能力，但 WeWork 的会员中，租用固定工位的会员仅占很小的比例。客户更喜欢根据自己的需求预定工位，此时 WeWork 就转变为城市的公共空间，充分地满足了创业者移动办公的需求。但要在国内市场中培养创业者的这种移动办公习惯，恐怕还要有很长的一段路要走。

此外，国内市场目前也存在着一些打造中国版 WeWork 模式的潜在竞争对手。

1）科技类孵化公司。在“大众创业、万众创新”的号召下，大学毕业生越来越倾向于选择自主创业，2015 年中国大学生毕业人数达到了 749 万，如此庞大的潜在创业群体也催生出了众多科技类孵化公司。科技部火炬中心发布的数据显示，目前国内市场中孵化公司总规模已经增长至 1600 家，正在孵化的企业超过 8 万家，就业人数达到了 175 万。

2）服务式办公室。此行业的市场定位主要是那些现代服务业的经理人创业，大部分服务式办公室公司位于城市商圈的甲级写字楼内，比如，北京国贸城市中心商务区、广州天河中心商务区、上海陆家嘴等。保守估计，国内几大一线城市中的服务式办公室总规模在 300 个楼层以上，面积将近 50 万平方米。

3）文化创意产业园。大部分文化创业产业园主要位于市区内，最为典型的就是位于北京的 798 艺术区。通过对老旧厂房进行改造升级而诞生的 798 艺术区，文化产业、广告产业十分密集。除了 798 艺术区以外，国内比较著名的文化创意产业园还包括“尚 8”“77”等。

4）甲级及乙级写字楼、国有三产办公楼。虽然楼宇质量参差不齐，但其大部分都是位于城市中心，经过一定的重新装修后，其办公条件完全可以达到 WeWork 的标准，目前已经有许多以科技孵化器或者是服务办公室的名义在这里运营。如果按照创业辅导或者是物业服务的模式运营，也会对中国版的 WeWork 形成不小的威胁。

价格、文化及习惯的差异成为中国版 WeWork 落地的一大阻碍，能否克服这些困难是打造中国版 WeWork 模式的关键所在。

WeWork 所提供的联合办公空间中，科技、创意、专业服务等多种类型的客户广泛分布。这些看似毫无关联的初创企业，对于其中的任何一位创业者可能都是一笔十分宝贵的财富。富有分享精神的不同领域的创业者之间的创意交流，往往能诞生出伟大的创新。想要打造中国版 WeWork 模式的创新者，如果能从产业互补、融合的维度去构建一个开放、合作、共赢的商业生态，WeWork 模式将在中国爆发出巨大的能量。

第二节　SOHO 3Q 与优客工场的联合办公模式

1. SOHO 3Q："共享经济 + 房地产"新模式

2015 年 2 月，SOHO 中国推出了新的产品"SOHO 3Q"，意欲通过共享经济的理念在国内市场打造全新的商业地产模式。这一新的产品有力地推动了 SOHO 中国从商业地产销售向出租的转变，让广大的个人工作者及中小型企业能享受到移动办公所带来的优势。

SOHO 3Q 通过线上与线下相结合的 O2O 模式，为消费者提供最短以周为单位，最小以工位为单位的商务地产租赁。截止到 2015 年 10 月，在北京、上海共计拥有 6 个 SOHO 3Q 中心，提供的工位在 3000 个以上。预计到 2016 年 SOHO 3Q 的工位数量将达到 3 万以上，2017 年将突破 10 万大关。

位于望京 SOHO 的 SOHO 3Q 项目的办公空间目前已经全部租满，其客户不乏美团、陌陌这类势头正盛的互联网企业，上海地区 SOHO 3Q 项目的出租率也保持在 50% ~60% 之间。

定位为 O2O 商务地产租赁平台的 SOHO 3Q 产品，在 SOHO 中国的战略版图中具有极其重要的地位。在 SOHO 中国 2015 年中报告中，SOHO 3Q 产品成为事关企业未来发展的关键所在。未来，SOHO 3Q 客户能通过官方网站、APP 等多种形式，在线上完成办公空间搜索、预定、竞拍等。

由于共享经济在国内市场普及率低、社会共享意识有待提升等原因，SO-

HO 3Q 并没有选择 WeWork 的会员随到随用模式，而是采用了较为普遍的租赁模式。

目前 SOHO 3Q 客户可以在线上完成从办公空间筛选到付款的一系列流程。通过官网或者 APP 筛选办公空间、确定租赁周期后，客户可以去线下进行现场体验。如果满足自己的需求，即可在线上支付完成后直接在办公区域进行办公。

图：SOHO 3Q 的官网预定页面

图：SHOH 3Q 提供的基础设施

基础设施方面，SHOH 3Q 可以直接“拎包入住”，它不仅有精致的办公空间装修，还提供了打印机、宽带、会议室租赁、免费咖啡等完善的办公配套服务。

同样，SOHO 3Q 模式也提倡用户能够在共享办公资源的基础上，加强彼此之间的交流合作，从而有效提升用户黏性，通过创造社交价值吸引更多的新用户。为此，SOHO 3Q 举办了众多的科技、创业等类型的交流会活动。

SOHO 3Q 的最大特征便是其地产的拥有权。得益于 SOHO 中国的商务地产资源，SOHO 3Q 在办公空间的租赁过程中，其扮演的角色不仅是房产中介，还是房产的业主方。低成本的房产资源，能够使 SOHO 3Q 在业内建立长期的成本优势。相对于腾讯投资的点点租而言，对房源拥有控制权的 SOHO 3Q，可以充分保证房源信息的真实性，有效地提升了用户体验。

从某种角度上来说，SOHO 3Q 项目可以看作为通过互联网对 SOHO 中国实体房产运营模式进行转型升级。WeWork、点点租等商务地产租赁模式，其实现价值变现的途径主要是服务于房地产业主与客户之间的中间环节，比如 WeWork 是商务地产管理模式、点点租是商务地产中介模式。而 SOHO 3Q 项目打造的是新型商务地产经营模式，其产业链的广度及深度是其他商务地产模式远远不及的。

2. 优客工场：毛大庆不做孵化器做共享办公

2015 年 9 月，由前万科副总裁离职创业建立的优客工场旗舰店正式面向消费者。A 轮融资耗时一个半月，融资规模超过 2 亿元人民币。阳光 100 旗舰店获得了一些明星大腕的强力加盟，佟大为工作室及程琳工作室都入驻优客工场，旗舰店中还专门为明星们规划设计了演出使用的场馆。

旗舰店开业时，邀请了杨澜、任志强、许飞、吴思清、于嘉、佟大为等众多重量级嘉宾助阵。由多位嘉宾共同制作的宣传视频，在短短一天的时间里观看达到700多万次，取得了极佳的宣传效果。

◇一桌一 “工场”

优客工场与传统的房地产租赁赚取中间差价的经营模式存在较大的差异，其要打造的是一个平台型生态系统。毛大庆对优客工场的评价是O2O的商业社交平台，在平台中人与人、人与服务之间能够实现有效连接。

每一个工位中的办公桌成为连接人与服务，连接客户与优客工场的有效载体。优客工场采用的是类似WeWork模式的会员制，每一张桌子都代表了对应客户的信息。

图：优客工场官网界面

仅从工位的价格角度来说，优客工场并不占优势。阳光100优客工场旗舰店开业时，其开放式工位标价2000元/月，办公室工位2600元/月。但阳光100优客工场首期出租的575个工位中，开业前预售率在80%以上。

阳光100优客工场旗舰店中，有一面展示了优客工场强大导师团队资源的文化墙，不仅包括大量的投融界的行业大佬，还包括王石、刘永旺、俞敏洪等著名的企业家。

◇服务倍增价值

海量的资金支持以及创业导师团队，再加上优客工场所打造的创业服务生态圈，极大地提升了优客工场的竞争力。

图：优客工场的部分服务商

2015年9月，阳光100优客工场拿下了40多个项目，并与70多家服务商达成战略合作，能为入住其中的客户提供注册、融资、人力、推广营销、税务、法律咨询等多种类型的服务。令入驻其中的客户感到兴奋的是，优客工场通过与14家业界顶尖的投资机构达成合作，可以为所有入驻其中的客户提供专业的投融资直通车服务。

毛大庆的人脉资源及优客工场的服务生态，是许多创业者梦寐以求的。毛大庆曾公开表示，优客工场最大的价值是强大的“集合背书能力”，通过优客工场这个共享平台的强大品牌影响力，能为创业者的创业活动带来极大的便利。

现阶段，优客工场的盈利模式主要包括以下四种：

☆通过工位、办公室的出租获取现金流，出租形式分为长足、短租、临时三种。

☆基础增值服务，使用会议室，办公设备维修保养等。

☆通过建立会员体系，为会员提供更多的资源、服务等。

☆优客工场自主开发的高级服务，比如，市场推广、线下交流活动、培训等。

据了解，2016 年优客工场预计还将成立具有自主品牌的媒体平台。优客工场所展现出来的强大实力，得到了以欧美同学会为代表的众多客户的认可。

2015 年 9 月 16 日，欧美同学会成立的“海归创业学院”正式在阳光 100 优客工场旗舰店挂牌。在挂牌仪式上，学院发言人还宣布“优客工场 · 海归创业学院”在线教育网正式上线。通过线上学院与线下学院的有效结合，使创业学院的品牌影响力得到有效提升。

此外，医疗康健领域的 O2O 创业服务社群平台贝壳社也与优客工场达成了战略合作，通过优客工场所提供的线上联合办公场所，实现线上平台有效落地。

2015 年 12 月 30 日，优客商学院举办的“优创享”系列公开课开课，由业内知名的专家为学员讲授融资过程中应该注意的问题。2016 年优客商学院还将开通创业 EMBA（高级管理人员工商管理硕士）课程。除了阳光 100 以外，待时机成熟时，优客工场或许还将与其他的地产品牌商家进行合作，届时优客工场将以品牌输出的形式，全面接管物业管理。

这些也正体现了优客工场所重视的“平台思维”。优客工场是一个大的平台，而在这平台上还有更多的小平台，甚至是子平台、交易平台、媒体平台等。优客工场创始人毛大庆要将优客工场打造成线下的“阿里巴巴”，在布局全国市场后，优客工场这个智能办公平台将迎来跨越式发展。

3. 深度解读 SOHO 3Q 与优客工场的联合办公模式

自我国开始掀起“大众创业、万众创新”的创业热潮以来，在美国硅谷兴起的类似 WeWork 的联合办公模式开始在国内市场落地，优客工场、SOHO 3Q、云工坊等成为社会各界关注的焦点。

联合办公模式能通过办公资源的共享，有效降低办公成本。来自不同背景的创业者，在经过一定规划设计的办公空间中各自完成自己的工作。这种模式尤其适合规模较小的创业公司，其在国内市场的发展主要具有以下几个方面的特点：

◇联合办公模式，目前还只能是轻资产模式

从目前国内市场中的联合办公模式运营方的构成来看，有以万科、瑞安为代表的房产开发商；也有以优客工场为代表的房产运营商；还有以 SOHO 中国为代表的房产开发商及房产运营商。

但如今的国内联合办公模式只能做轻资产模式，如果做重资产模式恐怕又要回到传统的办公楼开发租售模式，而国内市场中除了几大一线城市以外，其他地区的办公楼开发租售模式正陷入困境。

◇当前的盈利模式还只能靠租金差

虽然国内市场中的几大联合办公模式公司，在盈利模式方面都有自己的谋划，比如：会员增值服务、VC 投资（风险投资）、培训等，但这些在目前并非主流。仅从办公的角度而言，最为普遍的盈利方式还是靠收取租金，或者是依靠政府的补贴。由于目前政府在资金方面给予一定的支持，许多公司可以通过较低的价格吸引客户的同时，利用政府的财政补贴获取一定的收益。

收取服务费用在现实中也很难有可以操作的空间，许多创业公司本身资金就不充足，再向它们收取各种形式的增值服务费用，显然不太现实。而通过孵化创业公司或者是投融资获取收益的方式，本质上和联合办公模式并无太大的关联。

◇**目前可试运行的城市基本只有北上广深**

北上广深能够成为联合办公模式落地点的原因主要包括两点：其一，这些城市的办公市场存在通过租金差盈利的现实基础；其二，无论是创业氛围，还是创业环境，这些城市在国内市场中都具备较大的领先优势，许多的创业公司都会选择在这些一线城市创业，因此在北上广深存在着较大的办公市场需求。

◇**联合办公模式难以实现 “去化存量”**

从联合办公市场的发展现状来看，其目前还是一个较为小众的市场。要靠这种模式来缓解国内存量过大的写字楼问题，在当前阶段几乎不可能实现。尤其是在二、三线城市中积压的写字楼，必须经过一段时间的发展后才能得到有效解决。

在这个市场中，仅有少量能够发展壮大的企业。联合办公市场的规模决定了这一领域必然存在较大的市场竞争，有能力而且有足够的资源将企业做大做强的商家十分有限。

未来国内的联合办公市场可能会出现两种局面，其一，被几家实力雄厚的品牌商垄断一半以上的市场份额；其二，一些有特殊资源的企业在政府获得一定的项目后，可能转为二房东，也可能会选择与大型的联合办公品牌商合作，还有可能会直接复制大型品牌商的运营模式。

因此，对于优客工场、SOHO中国等几家行业的先行者来说，更加注重实际，做好当下市场才是最为明智的选择。

表：优客工场、SOHO 3Q 以及万科云工坊大事记

优客工场大事记	
时间	事件
2015 年 3 月	◎在万科北京举办的“毛大庆离职媒体见面会”上，毛大庆首次提及去做“二房东”，打造中国版“WeWork”。
2015 年 4 月	◎与房山区政府签订共建优客工场战略合作框架协议。协议约定，房山区政府免费提供创业场地，用于打造优客工场。而优客工场与房山区共同管理、培育符合房山产业定位的创新创业项目。 ◎毛大庆召开优客工场发布会，公布在北京已经完成的 10 处选址，包括朝阳区阳光 100 优客工场、鸿坤花语墅、亦庄经济开发区（峰创科技园 - 优客工场）、大兴鸿坤金融谷、鸿坤理想城、房山高教园区、通州万科台湖新城、顺义空港经济开发区、门头沟鸿坤七量长安等近 10 个场地；与中关村 E 世界、海龙大厦、四惠国际、外企服务集团 FESCO 大厦等达成政企共建、租赁和合作意向项目、场所数量达十余个。 ◎与阳光 100 达成战略合作协议，入驻“阳光 100 优客工场”。
2015 年 5 月	◎与北京常春藤医学高端人才联盟签订战略合作框架协议。双方约定，常春藤医学高端人才联盟将委派技术团队入驻，以驻场保健室和后台健康支持模式为平台入驻创业者、创业企业提供一系列健康服务。 ◎与中关村股权交易服务集团有限公司签订战略合作协议。根据协议，双方将建立对接互动机制，共同建设北京“四板市场”直通车基地；推进创业孵化，组织直辖市各类金融机构为优客工场孵化企业提供帮助。 ◎正式入驻北京经济技术开发区锋创科技园，面向已经完成天使轮融资、从初创期过渡到成长期的创业企业，向企业提供联合办公服务平台和创业指导等各类服务。
2015 年 6 月	◎优客工场为筛选过的 20 位首批入驻用户举行集体签约仪式。
2015 年 7 月	◎首次“模式沙龙”在北京 FESCO - 优客工场成功举办。 ◎方正证券在京签署《全面战略合作暨联合扶持金融创新创业产业发展合作协议》，双方拟共建方正 - 优客工场金融创新创业产业园，力争打造针对扶植金融创新创业企业、互利共赢的服务生态圈。

SOHO 3Q 大事记	
时间	事件
2015 年初	◎潘石屹宣布将借助 O2O 推出移动办公产品。
2015 年 2 月初	◎北京的望京 SOHO 和上海的上海 SOHO 复兴广场共 1500 多个座位入市，正式上线。 ◎SOHO 中国在沪举行开放日活动，为期 5 天。
2015 年 4 月	◎北京第二个中关村 SOHO 3Q 正式上线。
2015 年 6 月	◎北京望京 SOHO 3Q 举办业绩沙龙，雷军、潘石屹与创客进行互动。 ◎平安好房与 SOHO 中国签订战略合作意向，双方确认将在房地产电商销售、地产众筹、房地产互联网金融等多方面展开深入合作。
2015 年 7 月	◎上海第二个东海广场内的 SOHO 3Q 开业。 ◎潘石屹宣布 SOHO 3Q 与 Uber 展开品牌战略合作。 ◎SOHO 3Q 已经成功在北京（2 个）、上海（2 个）上线 4 个项目，北京的望京 SOHO 3Q 可选座位 92 个，出租率为 85.95%，上海复兴广场 SOHO 3Q 可选座位 17 个，出租率高达 98%。

万科云工坊大事记	
时间	事件
2015 年 3 月	◎万科企业股份有限公司于中国香港召开 2014 年度业绩发布会，提出了万科的八大产品线，其中包含万科云——产业聚集区、办公综合体。
2015 年 7 月	◎万科首个联合办公空间——广州万科云工坊项目迎来首批创业团队入驻，此次入驻的 9 家创业企业多为互联网科技企业。

第三节　Hiwork（海沃克）：向共享经济大声 say hi

1. Hiwork 共享办公模式的五大优势

美国 WeWork 联合办公模式的崛起，引发了国内办公市场的变革。优客工场、SOHO 3Q 等在国内市场相继出现。

利尚网络（全称为重庆利尚网络科技有限公司）充分发挥自己在商务地产及商业地产运营管理方面的经验，以互联网思维打造了一款平台型互联网生态办公产品 Hiwork。无论是在其运营模式上，还是在与互联网的深度融合上，都有明显的突破。

◇提供高体验的办公空间，所有办公工位免费提供

在“互联网 +”战略的推进下，Hiwork 发挥借助战略合作、资源互补、平台规模等优势，不仅能让客户降低办公成本，还能让消费者享受到优质的服务体验。

在 Hiwork 看来，其平台的市场定位是服务于那些满足一定条件的科技型、创新型及网络型的轻资产运营模式的公司，利润的主要来源是平台中溢价能力更高的增值服务，因此，Hiwork 的办公空间可以免费提供给客户。

◇不仅注重线下物理空间及服务的打造，而且注重线上互联网交流平台

Hiwork 通过与业主方进行战略合作，以较为优惠的价格获取某个写字楼的 2－3 层，在经过高质量的装修后，将其免费提供给客户。从本质上来说，

图：Hiwork 的商务办公环境

Hiwork 是一个中间运营商，也是一个为众多优秀的公司提供优质成长环境的平台。

Hiwork 不仅注重于为房产业主方、客户、投融资机构、管理部门等之间构建强有力的连接，而且还通过其打造的线上交流平台，让各个价值创造参与主体密切交流沟通，办公服务、办公设备及生活用品等都可以在平台上进行交易。

◇在城市核心地段，交通便捷处选址，提供最便捷的办公空间

Hiwork 为客户提供的办公空间位于城市商圈的核心地段，其楼宇品质及相关的基础配套设施都能充分保证。Hiwork 第一个成功落地的产品，是地处重庆两江新区核心区域的“美全·22 世纪”。

Hiwork 的客户大部分是那些工作时间相对灵活的中小公司及初创公司，加班情况时有出现。周一至周五下班后及周末，传统 CBD 区域的中央空调会统一关闭，重庆又是国内著名的“四大火炉”之一，如果客户加班时想要打开中央空调就必须支付额外的费用，这无疑会增加客户的办公成本。

因此，更加强调用户体验的 Hiwork 没有将首款产品放在传统的 CBD 区域中，而是放在了能提供 24 小时服务的“全美·22 世纪”中。

◇多维度满足创业公司业务要求，同时提供五星级增值服务

Hiwork 不仅能为客户提供与工作相关的人力资源、法律咨询、投融资、创业指导等多种类型的综合服务，还能让客户享受到健身娱乐、健康体检、商务接送、咖啡、免费旅游等各种生活服务。

Hiwork 的出现，有效降低了初创企业的创业成本，在开放自由、轻松愉快、高质量低成本的办公空间中，客户能使用丰富的配套设施及虚拟办公室，并自由地选择办公空间的大小。这一模式凭借其极强的用户体验给传统的面积固定、按年租赁的传统办公出租模式带来了冲击。

◇目标用户不只是创业客群，还会引入高品质企业，便于平台间交流协作

Hiwork 的客户名单里，不仅有初创企业，大型投融资机构、法律咨询公司、实力雄厚的品牌公司等都在其中。创业群体仅是 Hiwork 平台中的一小部分，因为单一的客户群体无法构建出完整的生态系统，不能让入驻其中的企业实现协同发展。因此 Hiwork 与一些优质的企业进行合作，引入有着多年运营经验的品牌公司，极大地丰富了平台生态。

Hiwork 的出现可以看作以互联网思维对传统办公模式的转型升级。2015 年 11 月 20 日，位于重庆地区的 Hiwork 首个产品开启试运营，掀起了重庆地区联合办公市场的新风暴。

2. 用互联网思维打造商务办公爆款

虽然共享办公模式已经在我国开启，但对进入这一领域的创业者而言，摒弃传统的思维模式，真正以互联网思维提高用户体验才是获得竞争优势的关键。

◇Hiwork：为用户而生，打造互联网商务新品

Hiwork 的创始人有着多年的欧美生活经验，对以 WeWork 为代表的海外联合办公模式有着十分清晰的认识，而充分结合国内办公市场的特点，打造出的全新的互联网办公产品 Hiwork，能够有效地帮助众多客户降低办公成本。

在 Hiwork 提供的办公空间中，来自不同行业的人都能够共同享受配套的办公资源及服务，更好地完成自己的工作。

进入移动互联网时代之后，人们的生活节奏逐渐加快，更加不希望将自己宝贵的时间花费在通勤的路上，因此 Hiwork 在选择办公空间的地址方面有着十分严格的要求，位于城市中心商圈的交通便利、配套设施完善的甲级写字楼是其首选。由此可见，Hiwork 从客户每天上班的路上就强调了用户体验。

◇办公空间：丰富多彩的“蛋糕分割”

未来，Hiwork 将为各大城市的客户提供 10－5000 平方米的办公空间，并且每个客户都可以根据自己的需求租用大小不一、装修风格不同的办公空间。就如同蛋糕分割一般，不同的人有着各自的口味，Hiwork 能为入驻其中的客户提供适合他们办公需求的装修风格，从而使客户能充分展示企业个性及文化。

◇共享服务：带着人和手机来上班

Hiwork 客户能共享办公设备、免费 WIFI、咖啡、会议室、电话、服务前台、公共餐厅等多种资源。入驻 Hiwork 的客户只需要携带手机及电脑就可以在舒适的办公环境中享受工作的乐趣。无论是个人工作者，还是企业，都可以享受 Hiwork 所提供的服务。

◇助初创企业踏上 “最先一公里”

通常情况下，初创企业会限于资金、人脉等多种资源的不足，可能缺乏足够的人才，比如，财务人员、法律顾问等。而 Hiwork 客户的多元化更有利于企业之间实现多种资源的共享，不仅能解决企业的人才需求问题，还能为客户提供投融资、健康体检、健身娱乐等多种类型的服务。

◇用互联网思维打造智能 APP 应用

为了让客户更好地利用互联网带来的便利，Hiwork 为用户打造了一款专属的 APP 应用。客户只需要在移动终端上安装 APP 应用，即可实现办公空间在线预订、支付等功能，而且还可以完成一些基本的生活购物消费。

通过 Hiwork 研发的 APP 应用，有效满足了客户对办公及其衍生服务需求，为客户带来了极佳的办公体验。

◇ “零租金” 办公

Hiwork 的租赁方式十分灵活，客户可以日租，也可以周租，还可以月租等等。这种租赁方式尤其适合那些短期的项目团队、初创公司及小微企业。与国内类似其他联合办公模式不同，Hiwork 的办公空间是免费的，盈利方式主要是依赖增值服务。这对于那些控制成本的创业公司来说，能更加合理地分配自己的企业资源，有效降低创业风险。

3. Hiwork 共享模式的四大理念主张

◇自我方式、 对话世界

Hiwork 与传统的写字楼办公租赁模式存在着较大的差异，它作为一个共享商务办公平台运营商，更加强调用户的服务体验。采用分蛋糕模式划分办公空间的 Hiwork 能让客户按照自己的需求选择所需的办公空间，而且租赁时长不受限制。

Hiwork客户可以自由地以各种方式彰显自己的个性，你可以选择盘着双腿坐在办公桌上激情澎湃地指点江山，也可以躺在沙发上思考人生。如果你工作累了想放松一下，可以和同事切磋舞技，也可以选择骑着自行车在办公室里锻炼身体。那些热爱自由、彰显自我的人从来不会在Hiwork中感受到约束，因为在Hiwork提供的办公空间里从来不会让客户受到物理空间的束缚。

◇共创共享、成就非凡

和以往的封闭式办公有所不同的是，Hiwork所创造的商务办公平台能够让个体之间通过联合释放出更大的价值，办公设备、空间等资源的共享发挥出1+1>2的效果，打造优质高效的办公生态系统，最终形成多方共赢的局面。

Hiwork设立了专属的公共办公空间，入驻其中的客户，不仅可以在这里分享自己的创意，还能在这里与大家展开探讨、交流合作。个体与个体在这里交流，企业与企业在这里互动，资源在这里实现共享，优秀的创意在此诞生。同行业之间的战略合作及不同行业之间的跨界融合，更是让这里成为多方实现协同发展的优秀平台。

◇办公世界、从此无界

Hiwork还通过组织线下及线上的活动让入驻其中的客户彼此之间交流创意、知识、想法，增加客户的人脉资源，这种运营理念最早于美国硅谷兴起，尤其适合短期的项目团队、初创公司、小微企业等。

Hiwork会定期举办企业培训，有兴趣的客户可以根据自己的实际需求，选择业内自身的领军人物、创业导师等来为自己排忧解惑，Hiwork将统计并整理客户的需求，根据选择的人数及实操性安排课程，柳传志、马云、任正非等多个知名的企业家都可能成为培训课程的讲师。

此外，Hiwork 还为客户安排了外出旅游度假、野外生存训练等各种活动，能让客户在繁忙的工作之余享受生活的乐趣。

◇事业高度、无关海拔

虽然国内在“大众创业、万众创新”的背景下，创业门槛已经大幅度降低，涌现出了许多在各行业细分领域创新的创业公司，但初创企业、小微企业的融资难问题一直没有得到有效解决，许多金融机构因为这些企业没有固定资产作为抵押不能给其提供贷款，社会资本也不愿意承受较高的风险，导致许多拥有优秀创意的创业者最终由于资金问题只能中途退出。

为了解决客户的资金问题，Hiwork 引入提供天使投资的风投机构，并与金融机构达成战略合作，为客户提供海量的资金支持，帮助真正有理想、有创意的客户解决融资难问题，为企业的长期发展提供有力的保障。

第 4 章

共享教育：利用共享经济思维，实现教育资源共享

第一节 口袋老师：在线教育领域的“共享模式”

1. 教育资源与学习需求的无缝对接

众所周知，公立教育在中国教育领域处于主导性的地位，并且掌握着社会上大量的优质教育资源。但是随着教育需求的不断上升以及全民对教育观念的改变，众多的教育辅导机构如雨后春笋般在中国版图上遍地开花，支撑这些教育辅导机构的核心资源就是老师。

尽管教师资源在各大教育单位都处于核心地位，但是受中国教育体制的制约，多数老师为学生和教学付出的心血要远远超越自己的薪资水平，认知盈余并未给自己带来更多切身的利益。而正是因为这种收入与付出失衡的存在，为在线教育模式核心竞争力的形成提供了良好的客观条件。

在线教育领域普遍存在的问题在于：一是单纯将传统的线下教育搬到线上；二是只是机器连接了学生，并不能真正实现满足学生学习需求的初衷。究其根源，其实是因为在将传统教育搬到线上与学生建立的连接中少了一个重要的桥梁，即老师。老师才是在线教育的核心资源，是将学生与知识串联起来、并产生火花碰撞的必不可少的线路。将老师的实时在线变成一种共享资源，是在线教育领域实现共享模式突围的关键点。

国内的很多在线教育类 APP 也开始尝试从这一方向入手，试图打破在线教育领域发展的僵局。2015 年 5 月，“口袋老师”APP 提出了“随时随地问老师”的概念，并引进了一大批专业老师，将拍照搜题与真人答疑实现了良好的匹配，截止到 2015 年 10 月，口袋老师平台上注册的老师已经突破了 6 万。

图：口袋老师 APP 界面

实质上，口袋老师是一种 C2C 的平台教育模式，真实再现了线下教育中普遍出现的场景：学生在学习的过程中当遇到疑问时会向老师求教，而老师则可以在平台上利用闲暇时间为学生解疑答惑。这种 C2C 的平台模式解决了老师在时间以及空间上分配不均的问题，学生在遇到问题的时候可以随时在平台上找到老师，而老师也可以在线帮助学生及时解答。

此外，学生可以在同一问题上持续追问老师，也可以一键呼叫老师，老师也可以提供多次的协助，老师对学生的辅导不受频次以及时间的限制。

在共享经济滋养下的在线教育，将教育资源与学习需求实现了无缝对接，解决了教师资源在时间和空间上分布不均的问题，可以随时随地地满足学生的学习需求。

比如：公立教育机构通常进入的门槛比较高，共享模式的出现可以让有教育资质的社会教师不依靠教育机构而存在，公立学校的老师通过入驻在线教育平台，可以利用课余时间帮助学生解疑答惑，并获得一定的收入。

2. 接单模式：碎片化时代的社会生产力

对学生来讲，仅仅依靠课堂上的时间根本满足不了他们的学习需求；对老师来讲，教学精力主要放在了课堂上，课后会有较多的闲暇时间，这样一来，就造成了学生需求与教师资源之间的不对等。

尽管已经有部分老师开始利用在线教育的形式，将自己闲置的时间换成实际的报酬，但是当前主要的在线教育产品需要老师投入大量的时间，进行录播、网络在线直播以及为学生提供一对一辅导等，这就意味着老师需要有固定时间的投入，因此这种方式并未得到广泛推广。

而口袋老师的出现，开启了随时随地接单的时代，老师只需要利用自己的闲暇时间帮助学生解答问题即可，不需要投入过多的时间和精力，让碎片化时间得到了有效利用。同时也满足了学生碎片化的学习需求，帮助学生真正利用起了自己的碎片化时间。

口袋老师打造了一种独具个性化的运营模式，将拍照搜题、老师在线答疑以及私人老师实现了良好的结合。通过在线平台，老师与学生可以实现直接沟通，同时平台上有上万名老师实时在线，可以随时无限次地解答学生的

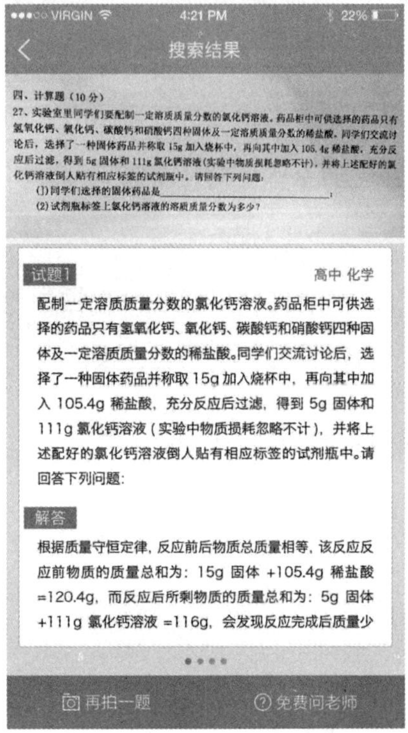

图：口袋老师的拍照搜题模式

困惑。有数据显示，口袋老师的日活跃用户数已经达到了 20 多万，平均每天老师回答问题的数量能够达到 30 万次以上。目前，口袋老师不仅在教师群体中有较高的认可度，同时也受到了广大学生和家长的欢迎。

老师作为人类灵魂的工程师，在教育领域扮演着重要的角色，但是在追求教书育人的成就感的同时，老师也需要生活，而与其灵魂高度名不副实的薪资状况让许多老师面临着严峻的生活压力。老师对增收的需求越来越强烈。而口袋老师的出现，让老师可以利用自己的闲暇时间实现创收。学生在线提问之后，相应科目匹配的老师可以通过抢单来回答学生的疑问，并获得一定的奖励。

虽然这种运营模式上类似于滴滴打车，但是口袋老师平台上的老师们除了能够获得来自于开发端提供的部分奖励之外，还有得到因获学生肯定而来的额外收入。当学生与某个老师建立比较亲密的互动和联系之后，可以使用“私人教师”功能，邀请老师成为自己私人的在线答疑顾问，以周或月为私人实时在线答疑的时间单位，并支付一定的费用。

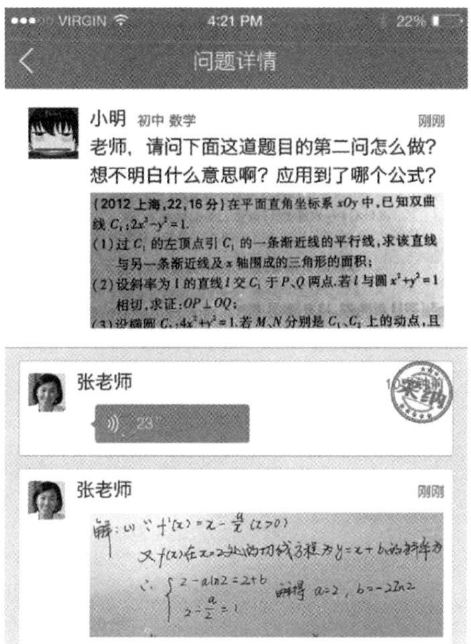

图：口袋老师的实时答题模式

口袋老师打破了时间以及地点的限制，通过引进共享经济模式，为老师带来了增收的机会，帮助众多的教师群体缓解了经济上的压力。

2015 年下半年，一些主流的在线教育产品开始出现日渐衰败的现象，原本盛极一时的在线教育市场哀鸿遍野，在线教育行业的弊端日益凸显，人们在哀悼各种产品的同时，也引发了对在线教育行业新的发展方向的思考。

而口袋老师后来居上，在在线教育的发展道路上披荆斩棘，为学生和老师提供了一种创新式的在线教育平台，不仅将老师的碎片化时间充分利用了起来，转化为部分生产力，同时也满足了学生个性化以及碎片化的学习需求，提高了学习效率。同时，口袋老师平台上的教师资源共享，也有效解决了教育资源在时间和空间上分布不均的问题，让闲置的教育资源可以释放出更大的能量，帮助在线教育行业突破瓶颈，打开了一种新局面。

3. 发展方向：场景优化与服务的标准化

在线教育并不是简单地将传统教育搬到线上，同时还要推动传统教育在理念和实践上的优化升级，为传统教育注入更多的新鲜血液。

与其他在线教育平台相比，口袋老师的优势在于，老师除了为学生解答疑问以外，还会帮助学生找到在哪一部分比较薄弱，培养学生形成系统的解题思路，让学生在遇到相同问题时可以学会举一反三。这也为答疑类 APP 的发展指明了方向。

作为一种服务类型的平台，如何将服务变成一种标准化的产品是平台深入发展的必经环节。随着用户数量的持续上升，老师对接学生的服务质量以及水平越来越难以控制，怎样保证在线教育平台的服务质量，实现交易与场景的有效匹配，建立老师和学生的深度连接以及实际深化场景应用是关键要素。这也就意味着，在线教育类 APP 必须要将产品细节和场景的优化作为一项重要的工作，从产品和应用入手，为用户打造极致的体验。

共享经济的本质是，将闲置的资源共享给有需要的人，在提高资源利用率的同时获得一定的回报。而共享教育模式中，老师通过出售自己的闲暇时间帮助有学习需求的学生解答疑问，并获得一定的补贴。因此，口袋老师的在线教育模式符合共享经济的特征。但是这种共享经济下的在线教育平台也存在许多问题，比如需要考虑平台上交易的产品和服务的频次，同时还应该建立有效的评价以及反馈沟通机制，及时改善自己的服务。

口袋老师引进了评价机制，积极鼓励用户对老师的服务进行评价，平台方会以此为基础给予老师相应的补贴和奖励。在补贴的驱使下，可能会实现回复频率和频次的高增长，增强老师与学生之间的互动，并逐步提高用户对平台的黏性。

共享经济在教育平台的应用，不仅可以满足学生个性化、碎片化的学习需求，同时也满足了学生希望能获得优质教师资源辅导的需求，同时，在线教育平台为老师提供了利用闲暇时间创收的机会，这些都是推动在线教育模式实现长远发展的重要力量。

资源过剩是实现共享经济的基础，而共享平台则是介质或桥梁，按需分配是共享经济的手段，获得回报是共享经济推行的结果。对应到在线教育模式中，老师在线答疑获取报酬正好符合共享经济的本质。

因此，在线教育需要有一个能够连接老师和学生的连接机制，通过信任关系的建立，为在线教育服务提供更多的保障。在线教育平台的出现不仅可以让学生可以随时随地地满足学习需求，同时通过平台上师资力量的汇聚，也可以为学生提供更大的选择空间。

对在线教育来说，共享经济模式必须要实现可持续发展，因为在线教育领域的变革并不是为了造福一代人，而是希望能够将这种福泽照耀到一代又一代，为教育领域带来崭新的面貌，让在线教育最终回归教育本质。

第二节 在行：共享经济与教育结合的“虚拟大学”

1. 知识共享经济里的“One Piece”

2015 年 3 月，果壳网推出了一款新产品——在行，这是一款全新的经验交谈平台，不管你遇到何种领域的问题，你都可以在“在行”上约见专业行家，与他们进行一对一交谈，在交谈之后，你还可以对行家的服务进行相应的打星评分。通过这样的方式，用户解决了困惑，收获了知识和经验，而平台上的行家也因为成功帮到别人而收获了成就感以及一定的物质回报。

在行的开发目标就是开启一种社交咨询的新时代，最开始在行被定义为“一对一咨询平台”，而后，在行又有了另外一种新解释——一对一付费制经验交谈平台。

图：在行官网界面

在正式上线运营之前，在行在果壳网的微信公众号上开启了为期 3 个月的测试，参与测试的用户大部分是果壳网的员工，他们通过“出售”自己的方式，接到了 50 单生意。通过测试，在行在明确了具体的租金之外，还发现了用户比较感兴趣的话题，职场在多次交谈中是经常被提及的话题。

因此，在行决定以职场这个话题作为切入口，逐渐细分为教育、创业、互联网等多个部分。在行的上线也吸引了果壳网、知乎上很多大 V 的关注和参与。

果壳网的创始人姬十三也将自己挂在了网站上，为用户提供关于在创业初期应该如何少走弯路的课程。

当用户在在行选择了自己需要的经验导师之后，需要进行线下约见，而价格则由行家自己决定，为了避免出现行家抬高身价的现象，平台一般规定在第一次约见的时候价格要控制在 300 – 500 元。这个价格是经过反复权衡之后确定的，因为这样的价钱就相当于周末跟朋友吃饭、看电影的花费，用户更容易接受。

目前，在行上已经入驻了 2500 名各个领域的行家，同时还拥有一支为行家提供服务的顾问团队，人数占到了团队总人数的一半以上。根据官方统计的数据显示，在行的业务范围已经扩展至北京、上海、杭州、深圳、广州以及宁波 6 个城市，日均交易量达到 250 单，每单价格超过了 400 元，北京的复购率达到了 50%。

除了在行之外，“八点后”“领路”等也是比较具有代表性的在线一对一经验分享平台。国外也有类似的专业知识分享平台，比如 24sessions，Google 推出的 Helpouts C2C 知识服务平台。只不过，与这些专业知识分享平台不同的是，在行运行一种用户和行家可以面对面沟通的模式，为整个知识获取过程增添了更多剧情性的东西。

在共享经济模式异常火爆的阶段，在行希望自己能够为社会创造更多的价值。而现实是，用户并不关心谁是第一个，而是关心谁第一个好用。因此，这种非标准化的知识服务能否形成商业模式，还有待时间的考验。

2. 全新模式的 O2O 经验咨询平台

2015 年 3 月上线的在行，将业务目标选在了经济比较发达的北上广深杭五个城市，2016 年，随着越来越多的人对在行的了解，在行的业务范围也将进一步扩大。在行在确定目标城市的时候，首先应该考虑这一地区的行家与学员是否成比例，是否有强烈的付费需求。

◇行家与学员从哪里来

在行在上线之前，最担心的就是是否有行家愿意参与进来。而产品上线之后，获得了不错的反响，最初靠团队的人脉关系拉拢了部分行家入驻，后来随着在行影响力的扩大，其他在各个领域的行家也被吸引到了平台上。

最初，在行将自己的目标用户定位在了学生群体，但是在内测过程中发现并非如此，因此，在行在正式上线的时候，将用户群体锁定在了互联网人群，经验交谈的范围主要集中在互联网职业以及互联网技能的学习上。此外，在行还吸引了一定数量的投资人士。

在行是一个重运营的平台，在行为平台上的每一位行家都配备了顾问，未来顾问也将走向层级化。怎样用少量的顾问为有限的行家提供优质的服务，怎样让用户获得满意的约见体验，这与在行的后台建设有着密不可分的关系。

在在行上与行家进行面对面约谈需要以下几个步骤：选择合适的行家→支付学费→约见一对一面谈→面谈之后进行点评。

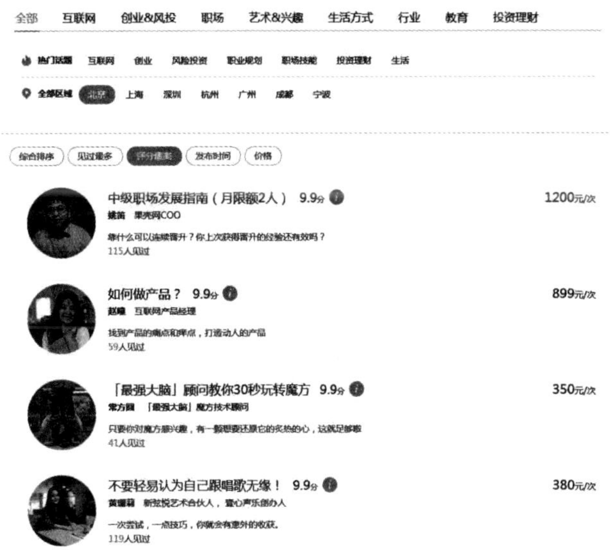

图：在行平台上的话题分类及部分行家

用户需要使用支付宝等支付工具支付学费，并在约谈之后在平台上对行家进行点评。平台上的行家们还组织了相关主题的微信群，在交流的过程中他们发现有部分行家是同时被几个学员约谈过的，因此行家们都乐于在微信群中分享自己的解决方案，并在相互借鉴和交流中提升自己。

◇面对面交谈是怎样一种体验

果壳网的创始人姬十三作为平台上的一位行家，亲身讲述了他所经历的接单流程：

对方在约见他的时候，首先在后台写明了自己的需求、自己的背景和想要求助的话题。而姬十三要求对方在见面之前写一个更详细的介绍。姬十三在见面之前将对方的介绍以及问题打印了出来。

在正式见面约谈的时候，姬十三一落座就向对方展示了其即将要问的问题，并且询问对方是否需要补充。姬十三用 10 分钟描述完之后，告诉对方这次约见将为他解决 3 个问题，并由此展开交谈。在回答完 3 个问题之后，姬十三还会进行一下总结，并询问对方还有哪些疑惑，从而有针对性地为学员解答疑问。

虽然这种方法比较高效，但是姬十三认为还可以做得更好。许多行家在面谈的时候甚至准备了 PPT 和思维导图，以便于帮助学员更好地理解。

◇怎么确定咨询费

在行上的行家们收费没有统一的标准，一般是由自己确定“出台”费用，比如姬十三的第一单生意是跟一位公益机构的负责人进行的谈话，获得了 200 元的报酬，而今，姬十三每单收取的费用在 1000 – 1500 元，而这个价格在平台上来说仍然属于中等水平，像徐志斌每次的约谈价格都能达到 3000 元。

图：在行 APP 界面

最开始，行家们见面约谈是按时收费的，但是按照这种收费方式，一般人都会计算一下时间是多少，这样一来也就使得定价非常高，因此在试行了一周之后，平台改为按次收费。姬十三认为，按次收费可以淡化交易感，创造良好的谈话氛围，让行家与用户之间能够更轻松自如地交谈。

3. 基于知识自由交易的“虚拟大学”

作为一个一对一付费制经验交谈平台，在行融合了知识服务、共享经济以及 O2O 的基因。因此，姬十三认为这款产品是一所“虚拟大学”，崇尚知识的自由交易。那么在知识自由交易的过程中会出现哪些问题？在行又应该怎样扩大自己的规模呢？

◇基于善意的自由知识交易

当用户数量急速增长到一定程度之后，就容易出现专业差评破坏整个生态环境，以及因恶意刷单而导致的虚假现象，这是 O2O 产品在发展过程中应该防范的问题。在行平台上，如果学员对行家的见面约谈不满意，平台就会对学员进行补偿，不影响行家收取学费。

但是随着用户数量的持续增长，学员在收获颇丰的情况下依然通过给差评的方式来套取补贴的话，就会影响平台的生态环境，因此在反馈环节，也应该建立必要的防范机制。

有些行家因为在平台上定价太低而不愿意继续参与，而根据在行的发展趋势，这种定价低的现象可能会成为一种趋势。因为在行意图打造一个话题谈论以及知识分享的平台，而按照这种产品的经营逻辑，知识的交易本身就与金钱划开了一条界线。学员需要缴纳的学费只是一种仪式感的体现。平台希望能通过降低收费的方式扩大用户规模，因此这就将那些希望以此作为一个赚钱手段的行家们推得越来越远。

◇像 Uber 一样占领市场

许多 O2O 模式在市场初期为了能够吸引用户、激发用户的活跃度，一般会采取简单粗暴的补贴手段。在行为了避免被套进烧钱的陷阱，并没有像滴滴那样向商户或用户进行大规模的补贴，而是采用了一种折中的办法，既不收取提成也不进行大规模的补贴。

尽管没有进行补贴，在行到目前为止还未从交易中盈利，反而因为平台运营投入了大量的资金。现在，在行面临的问题就是应该怎样实现盈利的问题。而已经有一些汽车品牌正在与在行洽谈合作，未来，在行或许能像 Uber 一样在市场上驰骋，并且赚得盆满钵满。

◇规模与服务：鱼与熊掌是否可以兼得

在行平台上，行家与学员会面的频次一般都不高，而在 O2O 领域，通常高频次、高交易量才是促进平台发展的关键，而在行要想提高交易频次和交易量，扩大用户规模是必要的一步。

共享经济平台始终摆脱不了的一个弊病就是，平台一旦进入快速发展阶段，就很难同时兼顾规模和服务两方面。因此，在行进行了规模化扩张之后，能否保证服务质量，能否达到现有的服务模式和目标，能否打破鱼与熊掌不可兼得的规律，是在行在进行规模扩张中遇到的最大难题，也是保证平台能否实现长远发展的关键一环。

第 5 章

共享医疗：一场正在席卷全球的科技医疗革命

第一节 春雨医生：移动医疗领域的“拓荒者”

1. 移动互联网时代，重构医疗生态圈

2011年诞生的“春雨医生”经过几年的发展，已经在业内取得了一定的领先优势，它通过移动互联网技术解决人们的健康问题，使得医生与患者可以通过移动终端直接进行交流沟通。截止到2015年底，春雨医生平台用户规模已经达到9200万人，拥有公立二甲医院以上的专业医生41万多名，平均每分钟可以帮助用户解决229个问题。

图：春雨医生某阶段的发展状况

2014年8月19日，“春雨移动健康”宣布完成C轮融资，融资金额为5000万美元，其CEO表示，未来“春雨”将与医院、药店、药厂展开深度合作，将产业链扩展至更为广泛的领域。

◇从轻问诊到私人医生

平台成立初期以“轻问诊”为主，以众包抢答保证用户的问题可以在2分钟之内给出答案。用户免费向平台中的医生咨询的同时，春雨移动健康也获得了大量的用户数据。

经过一段时间的发展后，春雨移动平台推出了定向问诊模式。医生作为春雨移动平台的入驻商家在线上开设店铺，从而销售自己的产品及服务。在定向问诊过程中，客户可以电话咨询、预约挂号、购买一定时间内的医生的私人服务等。根据自己的需求，用户也可以选择不同的医生及服务。

2015年春雨医生推出私人医生模式。首先由线上的家庭医生为用户建立电子健康档案，长期为客户的身体健康保驾护航。一般情况下，用户大部分的健康问题都能在线上解决，但是还存在一些问题必须要通过线下才能有效解决，比如体检、化验等。因此，平台需要提供线下医疗服务的医学专家。

截止到2015年10月，春雨医生已经在北京、上海、杭州、广州等国内多个城市中建立了154家线下诊所，预计到2016年底，这一数字将会增长至1000家。线下诊所除了自建模式以外，还包括加盟、合作、托管等，从而可以让春雨移动健康实现线下诊所的快速复制。这些数量众多的线下诊所成为了春雨医生用户数据的重要来源，为建立用户电子档案打下了坚实的基础。

◇探索春雨医生未来商业模式

海量的用户流量及强大的品牌影响力，为春雨医生探索以保险为核心的盈利模式提供了有力的支撑。在线医疗的产业链中包括药品、医生、患者、医院、保险等几大关键要素，而春雨则将这些关键要素整合到平台之中，使其实现无缝对接。

1）药品方面

春雨与智能医疗硬件生产商、药厂进行合作，从而帮助药厂对用户的用药行为进行有效的管理。由春风创投基金投资的智能药箱能管理患者的用药，并将相关数据上传至春雨平台，从而对药厂管理患者的用药提供有效指导。

2）医院方面

春雨健康医疗建立了一套完善的分级诊疗体系，主要包括四个层级：

☆一级诊疗体系春雨医生。作为春雨移动健康最基础的诊疗体系，它能有效解决患者 70% 左右的问题。

☆二级诊疗体系春雨诊所。它有效解决了那些需要面诊、体检、化验的问题。

☆三级诊疗体系春雨医院。它针对的是那些需要进行重大手术或者需要动用大型的医疗设备的问题。

☆四级诊疗体系春雨国际医疗。当患者需要出境就医或是引入国外的医疗资源为高端患者服务时，春雨国际医疗将为患者提供优质的服务。

3）医患方面

根据用户的需求来为其匹配相应的医生，同时将根据医生的特点，将其安排在不同的平台上，真正做到医生、医院、患者之间的有效匹配。

4）保险公司

保险公司是移动医疗市场的重要组成部分。目前，春雨与一些保险公司合作为患者提供健康险。保险公司作为保险的销售方，既没有医疗诊所，也没有海量的购买保险的潜在客户。而通过春雨移动健康建立的医疗体系，保险公司能获取大量的潜在客户，而且能有效地减少“骗保”事件的发生。此外，春雨移动医疗对医院及医生的有效监管，能通过标准化的诊疗手段将保险费用控制在合理的范围内，真正做到公平公正。

私人医生服务是春雨医生在保险领域探索的主要产品，当前该产品的客户主要是那些企业级用户。未来，经过一段时间的发展，春雨将各方资源整合到同一个平台上时，可能春雨医生将实现向保险公司的转型。

2. 布局服务电商：建立医患“强关系”

2015 年 2 月，国内市场中最大的移动医患交流平台春雨医生推出“私人医生干预指导下的服务电商”新模式。该模式依托私人医生服务，不仅能为用户提供线上咨询、电子健康档案等服务，还将为用户提供健康产品及药品。

春雨医生创始人张锐表示，春雨将打破传统医药电商以用户流量为核心的商业模式，构建出全新的“以医患关系”为核心的服务型电商模式，从而使药品在采购流程中的作用得到最大程度上的发挥，打造良性的药品电商生态，有效降低人们的医疗成本。这也成为春雨电商化布局的关键一步。

◇建立医患之间长期持续的 “强关系”

成立于 2011 年的春雨医生，一直以来坚持通过移动互联网为广大用户提供高效便捷的轻问诊服务。轻问诊服务是春雨打造新型医患关系的关键节点，最初春雨通过定向咨询、包月等多种形式为构建长期的医患关系打下了坚实的基础，2015 年春雨推出了基于医患之间的长期关系及强关系的私人医生服务。

与国内所不同的是，私人医生在医疗体系十分发达的欧美国家十分普及。私人医生长期对客户整个家庭的健康状况进行跟踪，与患者能够建立长期且稳定的关系。但在国内，人们却更倾向于在生病时去医院排队，选择由专家为自己提供服务，这种关系通常十分短暂。而春雨医生希望通过“私人医生”服务培养人们对自己及家人身体健康状况负责的习惯，帮助医患建立长期稳定的“强关系”。

私人医生服务主要包括：长期线上咨询、健康状况检测、医患交流沟通等；此外，医生还将根据患者的身体状况向用户进行健康商品、药品推荐。

◇用 “服务电商” 取代 “流量电商”

目前，以“天猫药馆”为代表的药品及健康产品电商平台仍旧以用户流量为核心，追求客单价的最大化。但是本质上药品与健康产品乃是流量转化效率极低的产品，其主要表现在以下两个方面：

☆其一，消费者对这些产品的采购通常定位十分精准，那些定位模糊的 OTC 药品（非处方药品）与计生用品购买比例较小，而且这种产品的客单价也普遍较低。

☆其二，真正决定药品及健康商品购买的不是患者，而是医生。患者需要在医生的指导下才能形成安全购买及重复购买。因此，能够站在用户的角度上指导用户的购买决策并吸引用户回访，乃是药品电商最终能走向成功的关键所在。

而春雨打造的服务型电商模式将服务客户作为核心，以海量的数据为指导，以引导人们安全购买、重复购买、低成本购买为目标，通过社区辐射传递品牌文化的 O2O 电子商务系统。

春雨帮助患者与医生建立长期的合作关系，患者就等于拥有了一个真正了解自己身体状况，并能指导自己用药的“决策者”。通过将B2C（企业针对个人开展的电子商务活动的总称）电商模式与移动医疗相结合，真正解决患者医疗消费的痛点。通过对用户信息收集而建立的电子健康档案，则能帮助春雨分析用户的消费心理及消费习惯，有效解决用户回访问题。

春雨医生平台中的用户每天所提的数万个问题中，有购药需求的占比40%，春雨平台上不仅拥有庞大的用户流量，也存在许多有真实购物需求的消费者，春雨医生是患者与医生沟通交流的平台，更是为消费者的持续购买服务的平台。春雨可以通过对用户的信息记录发掘出不断变化的用户需求，有效解决药品电商中的购药决策及重复购买两大痛点。

3. 线下诊所：打造共享型“私人医生”

2015年5月，春雨医生对外宣布将在北京、上海、广州、杭州、武汉5个城市中建立25家春雨线下诊所，并邀请有强大实力的主任医师前来坐诊，为用户提供O2O模式的私人医生服务，让用户享受到方便快捷的就医体验。

春雨医生的CEO张锐表示，春雨将采取线上与线下结合的私人医生服务年费制度，在对患者身体状况进行诊断时，不收取额外费用，而且部分药品还可以通过医保进行报销。

事实上，自春雨完成5000万美元的C轮融资以来，进行了一系列的创新尝试。业界不乏认可其在互联网医疗领域创新的支持者，同时也存在许多质疑者，外界争论的焦点就在于线上问诊的盈利模式及政策边界问题。但也正是因为以春雨为代表的创新者不断地挑战自我，打破行业边界，国内市场才表现出如此强大的活力及动力。

◇为什么要开线下诊所？

春雨医生平台上用户所提的问题中有70%以上可以直接在线上解决，但还存在着将近 30% 的问题，需要通过线下途径才能有效解决。春雨之所以开设线下诊所，就是想要将线下就医的化验、体检、手术、康复等环节纳入春雨的服务体系之中，从而提升产业链的深度及广度。

这种理念与春雨所要建立的“服务型电商”运营模式相一致，无论是用户的药品采购，还是用户在线下诊所就医，春雨尽可能地满足用户的所有需求。

◇服务流程是怎样的

每一个用户都将获得一位线上的私人医生，从而帮助用户建立电子健康档案，并由这名医生对用户的身体数据进行实时监测。

在用户出现身体不适的情况时，用户可以随时随地通过移动终端的春雨医生 APP 向私人医生咨询。有时难免会出现线上的诊断无法有效解决问题的情况，这时候私人医生会协助用户前往线下的春雨诊所就诊，在用户就诊的过程中，私人医生也将随时与患者进行实时沟通，直至患者完全恢复。

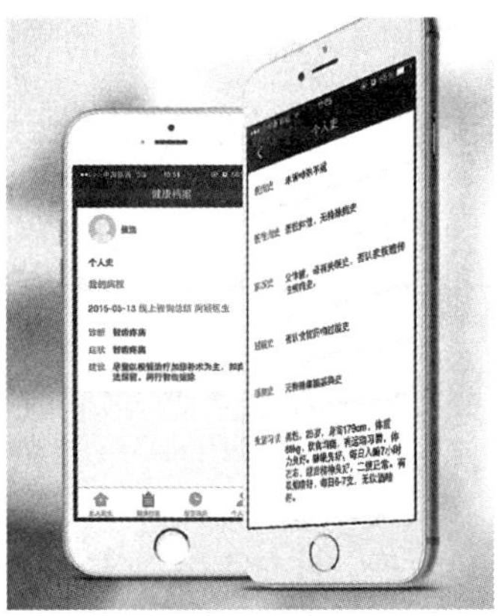

图：春雨私人医生界面

◇**私人医生有哪些优势呢**

1）精准。私人医生比普通医生更加了解患者的身体状况，他们能够对患者及其家人的病史有综合的了解，因此诊断结果会更加精准。

2）高效。私人医生省去了许多患者去医院就诊时繁琐的就诊环节，能让用户随时随地预约就诊，享受到更加专业的医疗服务。“等待五分钟，看病两小时”这种体验远不是传统医疗中所能得到的。

3）热情。这种热情源自于人与人之间的长期沟通，由于私人医生与患者之间存在长期稳定的合作关系，他们不是单纯的医患关系，更像朋友，因此患者所能得到的服务自然更加周到。

4）低成本。相对于传统动辄数千元的费用来说，用户每年只需要支付980元的年费，即可在一整年内有专业医生为自己提供服务，而且还能结交一个对自己健康认真负责的医生朋友，最终使自己远离疾病。

◇**商业模式：从2B到2C**

目前，2B模式的私人医生服务对象主要包括两种：

其一是大型企业，这类客户有足够的能力为自己的员工提供医疗福利。不难想象，如果企业为员工购买了这款产品，就等于为员工及其家人配备了一个私人医生，从而让员工更加无所顾虑地为企业服务。这无论是对企业，还是对员工，都有益处。因此，春雨医生将第一客户定位于那些想要为员工提供更多福利的企业级客户。

其二，春雨医生客户的客户，比如与春雨医生建立战略合作关系的伊利，春雨可以为其高端客户提供私人医生增值服务。养生会所也可以为高级会员购买私人医生产品，从而提升用户黏性。汽车、房地产、金融等许多行业都可以按照这种思路发展，在为客户提供优质的服务的同时，还为客户带来更多的健康，这将是企业在日益激烈的市场竞争中脱颖而出的关键所在。

未来，春雨医生还将发展出 2C 模式的私人医生服务。产品的形态会随之进行相应的调整，2C 模式的私人医生能根据用户的不同，提供更为个性化及多元化的服务，老年人私人医生服务、儿童私人医生服务。2C 模式将提供更多的服务解决方案，不同科室的医生将有不同的医疗解决方案，从而有效满足用户的差异化需求。

春雨希望能改变人们对医疗健康的理念，让人们对自己的健康负责，通过私人医生提供的服务让人们能有一个健康的身体。

第二节　滴滴医生：“送医上门”的新医疗模式

1. 送医上门：“互联网＋医疗”模式的创新

2015 年 10 月，由阿里健康、滴滴出行以及名医主刀共同合作推出了免费送医上门活动。用户在移动终端打开滴滴出行的 APP 后，点击“叫医生”选项，便会有医生直接与用户进行交流，当用户需要上门服务时，医生便会乘坐带有“滴滴医生”标志的滴滴专车为用户提供服务。

整合了医疗资源的“互联网＋医疗”模式将有望打破当前大医院看病难、看病贵的局面，在互联网的推动下，送医上门的移动医疗将逐渐发展为一种常态。

◇“滴滴”一声，医生上门

2015 年 10 月 20 日上午，南京医科大学第二附属医院的全科医生李旻瑶共诊断了三位预约患者，分别为肠胃不适、腰部疼痛、发烧头痛，经过上门接诊，这三位患者被安排至医院本部进行治疗。这种上门医疗服务一般由处于诊疗第一线的全科医生先进行初步判断，再决定患者是否应该去找专科医生接受治疗。

滴滴高层表示，这种模式就是以叫车的方式取代了排队挂号，目前还无法在车里进行拍片化验这种需要去医院进行检查的项目。如果医生诊断后建议患者去医院接受进一步检查，将在征得患者同意的前提下，将其送至医院接受进一步治疗。

在短短两天的活动时间中，滴滴出行 APP 共收到了 2000 个预约医生上门服务的订单，实际提供了 40 多次上门服务，而且在 12 个城市中共计送出了 2000 多个阿里健康药箱。

滴滴医生要解决的是目前公立医院挂号难的痛点。事实上，上门医疗存在着巨大的市场需求。而那些社区卫生服务中心以及拥有家庭医疗资质的医院，并未在上门医疗服务市场投入足够的精力。滴滴医生服务的对象主要是那些老人、儿童及行动不便的患者，与其合作的医院也都具备上门医疗资质。

◇滴滴医生能否缓解看病难

人们在看病过程中，挂号难、排队长、看病时间短等问题成为社会各界关注的焦点。而使用移动终端的滴滴医生为患者提供上门服务，看起来十分有吸引力。

图："多点执业"模式

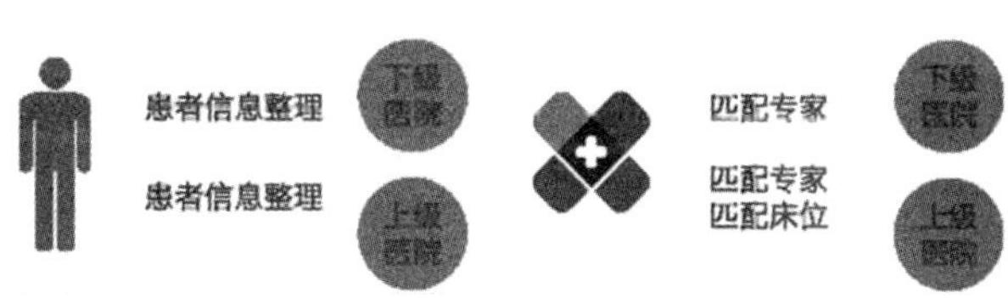

图："分级诊疗"模式

未来，互联网医疗很可能在重构医患关系中发挥出巨大的作用。滴滴医生得到普及后，患者与医生之间能进行相互评论。这种情况下，如果医生的服务态度有问题将会遭到平台的惩罚；患者的态度恶劣也将被医生们拉入黑名单。目前许多医生都被限制在了大型的医院中，患者很难直接联系医生为自己提供医疗服务，医生多点执业也未得到全面推广。滴滴医生的推出，为释放医生资源、方便患者与医生之间的沟通交流，提供了极大的便利。

互联网医疗的重点不是要通过网络来为患者看病，而是通过无处不在的互联网方便医生诊断、患者就诊。未来，互联网医疗的发展将成为一种主流的发展趋势，传统的医疗方式将会发生巨大的改变。传统医疗模式下，不仅患者看病难，而且医生平均几分钟就要诊断一个病人，工作十分辛苦。通过互联网医疗，患者将更加方便快捷地找到专业的医生为自己服务；医生则能够在多点执业的情况下，有效缓解自己的工作压力。

2. 滴滴医生“上门问诊”服务的积极意义

◇创新就诊新模式

现阶段的医疗体系中，传统就诊模式仍占据绝对优势，以掌上医院、线上轻问诊为代表的“互联网＋医疗”模式，能让患者不必前往医院就可以与医生交流沟通。但目前这种模式无法对患者的身体进行检查，只能根据描述的症状给出一些建议。

滴滴医生则对就诊方式进行了创新发展，有医疗需求的患者通过电话与医生进行沟通交流，医生则经过线下的诊断后，根据患者的实际病情决定是否应该将其送至医院接受进一步治疗。滴滴医生通过对传统就诊模式的颠覆性变革，使医院中的医疗资源更加有效地对接患者。

◇一种新型的分级诊疗实现途径

现阶段，滴滴医生是通过与有强大实力的医疗机构展开合作，来满足患者的就诊需求。未来，滴滴医生将会直接引入全科医生来为患者提供上门就诊服务。时机成熟时，滴滴医生还可以通过与社区门诊的合作实现分级诊疗。可以通过让社区医生随专业的医生出诊，培养医疗人才，从而实现社区医生到滴滴医生再到上级医疗机构的新型分级诊疗模式。

小病在社区中由社区医生直接解决，无法处理的病情再由滴滴医生解决，并根据其病情决定是否送至医院。这也是一种实现分级诊疗的新途径。

◇从一定程度上缓解大型医疗机构急诊压力

由于我国没有形成完善的急诊分级诊疗体系，人们在发生紧急情况时，首先想到的就是拨打 120，这使得医院的急诊室十分繁忙，但其中有将近 80% 的病人不需要紧急救治，严重影响了急救的效率。

如果滴滴医生能得到普及，那些病情不需要急救的病人就可以通过滴滴医生得到有效处理。这将有效缓解大型医疗机构的急诊压力，从而将急诊资源用于那些真正需要急救的病人。

◇为慢性病管理提供一种新途径

慢性病管理的关键在于患者在出院后的恢复阶段，有时患者会因为某项指标不合格而需要多次就诊。由于患者在家中恢复时，得不到有效的指导，也缺乏对自己的身体状况进行实时的评估，从而严重影响了慢性病患者的身体恢复。

未来，滴滴医生可以将自己的业务扩展至慢性病管理领域，并根据搜集的数据制定出有效的管理方案，从而为一定区域或者同种病情的患者进行集中服务，亲自上门指导患者的身体恢复，向患者普及健康知识。

◇为妇产医院提供围产期保健新手段

围产期保健过程中，孕妇需要时常前往医院进行相关的检查，而围产期保健的一些内容，比如血压、胎位、腹围、入盆情况、胎儿胎心等指标不用大型的医疗设备也能检查，滴滴医生使用便携式设备完全可以为其提供上门服务，其市场前景十分广阔。

◇为专科医疗上门服务进行市场培育

皮肤科、眼科、牙科等专科不依赖于那些大型的检查设备，与其他类型的疾病相比上门服务更具优势。未来，“滴滴牙医”“滴滴眼医”等类似的产品及服务将不断涌现。

◇探索 “车联网＋健康” 新模式

在产业不断跨界融合的趋势下，将汽车行业作为健康管理行业的切入点，一直以来都是业界关注的焦点。

通过一些便携式医用检查设备可以将滴滴专车打造成为能够移动的“健康小屋”。当用户打车时，在专业人员的指导监督下，进行一次简单的体检，并将体检结果传送至云端，由专业的医疗人才对数据进行分析整理，从而为用户的身体状况进行有效的管理，将疾病扼杀在摇篮之中。

第 6 章

共享物流：整合物流闲散资源，释放共享经济能量

第一节　云鸟配送：占领千亿级的同城配送市场

1. 云鸟配送迅速崛起的两大原因

2014 年 11 月，“云鸟配送”正式启动；2014 年 12 月，云鸟配送就获得了来自经纬中国、金沙江以及盛大资本 1000 万美元的融资；2015 年 7 月，云鸟配送获得了由红杉领投，经纬中国、金沙江和盛大资本跟投的数千万美元，完成 B 轮融资；2016 年 1 月，云鸟配送宣布完成 C 轮融资，融资额为 1 亿美元。

云鸟配送之所以能获得投资者的青睐，主要原因在于其商业模式比较轻巧，容易扩张，可以在其他城市迅速实现复制，当其规模达到一定量级的时候，云鸟就可以掌握整个市场的主导权。

目前，云鸟平台上汇集的配送人员已经接近 10 万，业务覆盖范围包括北京、上海、广州、深圳等 15 个城市。

云鸟配送作为一家物流配送企业，最初的服务对象主要是 B2B（企业时企业）和 O2O 企业，原因在于：初成立，需要打好基础，只有基础打牢了，才能将业务延伸至其他领域；与同样有互联网基因的企业合作，接触起来会更加容易。

但是，随后云鸟配送认识到，传统领域的同城供应链配送是更大的市场，因此云鸟配送在完成了 B 轮融资之后，将业务重点放在了面向传统企业的同城配送上，并与传统供应链的核心企业建立了良好的合作。

◇**以技术为利器，提升同城配送服务能力**

物流配送本身属于服务行业，因此服务水平的高低就决定了企业能否实现长远发展。因此，“云鸟”将在B轮融资中获得的资金除了拓展业务之外，重点应用在了同城配送服务能力的提升上。

图：云鸟配送的优势

云鸟配送主要是从配送人员以及运输管理两方面入手来提高服务水平的，具体体现在：

1）在配送人员方面，进入云鸟的配送人员都需要经过审核。

审核通过之后，他们都将参与一个培训课程，包括岗位培训、运力培训以及现控培训。进行这些培训不仅是为了提高配送人员的专业技能、现场反应能力以及对业务流程的熟练程度，同时也是为了帮助配送人员树立服务至上的理念，为客户提供更满意的服务。此外，云鸟平台上设有一套评价体系，如果配送人员服务质量不过关，差评过多，就有可能被拉黑或开除。

2）在运输管理方面，云鸟平台的运行离不开其自主研发的“鸟眼TMS（Transportation Management System）系统”和标准作业程序（SOP）。

前者通过GPS定位数据了解货车的行踪，记录货车的一切状况，管理物流中的一些运输环节，包括车辆的配送管理、技术排线、线路规划、大数据管理等。

后者主要是从基础运力出发，参照客户的服务需求，为客户定制个性化的标准作业程序，同时还会根据企业的业务更新以及实际运营问题，实时更替 SOP 条款。此外，云鸟还会为企业提供现场管控服务。

此外，在配送方面，云鸟采用投标的方式将运输业务分配出去，如遇司机迟到违约或者货物破损丢失等情况，云鸟将赔付 500 万的闪赔资金。

◇调动用户和配送人员的自主性

云鸟配送采用了众包模式，将配送任务通过众包的形式给平台上的配送人员，当平台上发布任务之后，配送人员会自主进行报价，而企业会参考配送人员的星级、价位、星级、经验以及过往用户对他的评价等情况，结合自身货物的特点选择合适的配送人员。

通过众包方式将配送任务分配出去，不仅解决了信息不对称的问题，同时也为用户提供了更多的选择，此外还减少了一部分成本。

配送人员在完成配送任务之后，用户会根据配送人员的效率以及服务态度进行评价，平台实行优胜劣汰制度，评价差的配送人员将有可能被清退，而且平台上的评价机制是与配送人员的收入挂钩的，因此评价机制在一定程度上也会推动服务水平的提升。

2. 云鸟配送的共享经济“新玩法”

从电商平台到餐饮外卖，再到果蔬生鲜，物流在解决最后一公里方面发挥了重要的作用，更是成为了人们生产生活中的重要组成部分。

受距离线路以及运输工具等因素的限制，货物从生产端到用户端需要经过一段流通环节，有的需要跨地区运输，有的需要在同城的仓储中转，在到达一定的地点之后还需要有具体的物流配送人员将商品送至用户手中。根据不同的运输线路以及运输工具等，物流被人为地区分为城际、同城和宅配三个阶段。

同城物流是本地生活服务供应环节中必不可少的一部分，包括在生活服

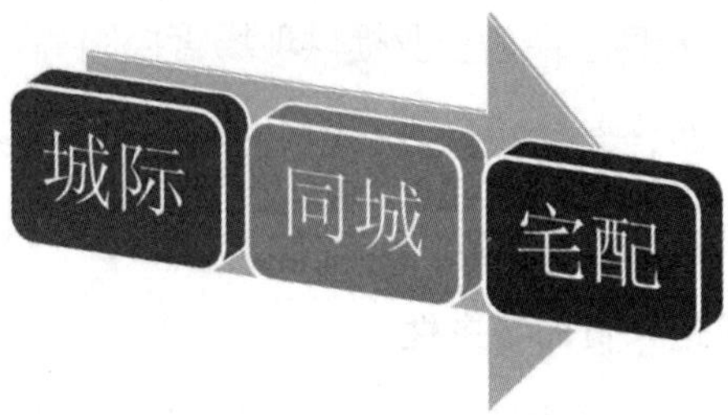

图：物流的 3 个阶段

务中应用的原材料以及商品在中转中都需要依靠同城物流。有数据显示，从全国范围来看，同城物流配送市场规模能达到近万亿，并且每年还在以 30% 的增速增长。

物流领域表现出来的强劲生命力吸引了众多的创业者，让物流领域焕发了生机和活力，除了在物流领域资质比较老的“四通一达”之外，近几年也诞生了一些融入共享经济基因的物流平台，云鸟配送就是同城配送领域的一个典型代表。

◇传统物流行业的两大痛点

物流作为社会经济发展的基础设施，拥有比较悠久的发展历史，长期形成的一些弊病成为制约其迅速发展的障碍。传统物流行业的两大痛点主要表现在：

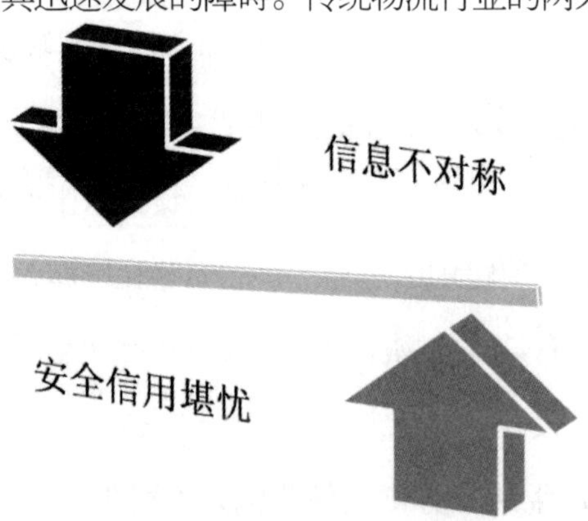

图：传统物流行业的两大痛点

1）信息不对称。

在没有第三方互联网平台之前，物流信息的不对称可以说是影响其扩张的重要因素。运输者不知道去哪里找合适的货物运输需求，而供货商不知道去哪里找性价比更高、更安全可靠的运输者。

过去，运输者主要是靠发名片或朋友介绍的方式来获得生意，而供货商主要是通过熟人推荐，或者依赖于价格较高的货运公司。这样一来，即使距离很近，即使有众多的运输者和供货商，却因为彼此不知道，而变成了一个个信息孤岛。

2）安全信用堪忧。

物流行业的安全信用问题也是其面临的一项重要挑战，这一问题对供货商而言更为突出，因为供货商将自己的货物完全托付给一个陌生人，必然会担心运输司机是不是靠谱，会不会出现中途跑路的情况，如果没有按时间交货怎么办，货物在运输过程中破损或丢失应该怎么办。

因此，为了保证货物的安全性，供货商要么选择熟悉的运输者或者由熟人担保的运输者，要么就由自己进行物流运输。

◇云鸟配送的共享经济 “新玩法”

共享经济模式下的云鸟配送将社会上的运输资源集中起来满足 B 端企业的运输需求。社会上的运输资源包括社会个人运输车辆以及中小物流公司。与一般的信息匹配平台不同的是，云鸟配送采用了投标的方式匹配运输需求，有运输需求的企业会在平台上发布标的，而物流服务者需要进行投标竞选，企业将根据物流服务者的各项条件选择最合适的人选。

不管是 B2B 还是 B2C，需求与供给的匹配问题是平台方首先需要解决的，其次才是需求方与供给方的资质审核问题，这也就涉及到在物流运输中的安全信用问题。因此，平台方在对物流服务者的基本信息进行审核之外，还应该绑定运输者的车辆以及驾驶证信息，并对整个行车路线进行追踪。因此，当司机在运送一个订单的时候，委托方可以实时查看司机的行驶路线以及节点，从而保证货物的安全性。

云鸟配送在具体的运营上还有两个专门进行物流管理的部门：一个是面向企业端的服务部门，主要工作就是寻找和管理车辆；另一个是面向司机端的招聘和培训部门，主要工作就是招募司机并进行培训。云鸟配送主要是通过网络、地面以及口碑三种渠道做好司机端的推广工作。

平台上除了进行运营维护以及司机端培训的工作人员之外，大部分人力主要来自于社会力量，平台上的车辆管理也主要由社会力量来负责。为了激发司机的工作热情，提升服务水平，云鸟平台还设计了完善的评价体系，为云鸟平台的长远发展奠定了重要的基础。

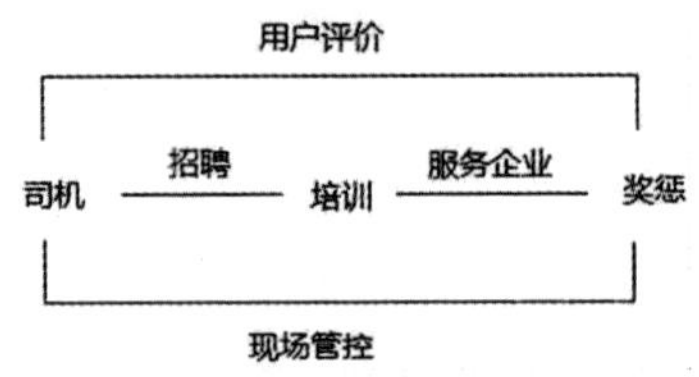

图：云鸟配送评价体系示意图

随着共享经济在物流领域的渗透，物流行业也将迎来一个崭新的面貌，同时也将会有越来越多的人从中收益。

3. 扩张版图：打造城配第一平台

2015 年，随着“互联网 +”在政府工作报告中的提出，“互联网 +”开始成为一个很热门的概念，同时也加快了其在各个领域渗透的脚步，在经过一段时间的磨合之后，第一梯队的格局已经基本形成。随着资本寒冬的到来，背靠互联网这座大山已经不能再为企业带来爆发性的利润增长，而那些真正专注于业务经营的公司却逐渐茁壮成长起来。

在物流领域，真正精耕于业务的公司价值日益凸显。云鸟配送作为新兴的供应链配送服务商，始终坚持将业务重点放在同城和区域配送上。以配送服务为驱动力，利用自身影响力，推动同城配送服务的品质化和标准化。云鸟对品质化服务的追求为同城配送领域带来了一种新面貌，在经过短短一年多的发展之后，云鸟配送就已经俘获了上千家企业客户。

◇合作版图强势扩张

云鸟配送将线下海量的优质货运车源整合到平台上，为有需求的企业客户提供整体配送解决方案，相对于传统物流公司而言，云鸟配送不仅拥有优质的货运车源和专业打造的司机团队，同时还有庞大的信息系统，能够实现精准的需求匹配。云鸟配送不仅解决了物流行业存在的订单散、时效慢、信息缺失、体验差等问题，同时还推动形成了同城配送领域的服务标准，解决了服务水平良莠不齐的痛点。

不管企业客户的规模是大是小，只要有配送需求，云鸟就会为其提供高品质、高标准的实时配送服务。苏宁、格力等家电巨头选择云鸟作为自己的物流服务商，也正是因为对其“重担责、重服务、重承诺、重保障”运营理念的认可。正是靠着在服务理念上的一份执着追求，云鸟在同城配送领域实现了强势崛起，并迅速在市场上占有了一席之地。

◇以客户为中心，提供优质的服务体验

物流领域的残酷竞争，让许多物流企业不得不寻找新的发展契机。云鸟配送作为一个后来者，要想在激烈的竞争中脱颖而出，必须独辟蹊径，走出一条个性化的发展路线，于是，在对市场品质、服务需求调研以及预判的基础上，云鸟打出了“服务牌”，以服务为引擎，促进业务规模的扩张。

为了提供品质化服务，提升客户的服务体验，云鸟对服务的软硬件实力进行了优化：

☆运用高端的信息技术提高匹配的精准度。

☆对司机团队进行专业的培训，提升司机的整体素养。

☆完善现控管理体系和服务保障体系等。

云鸟的品质化和标准化服务，为同城配送领域树立了一个良好的榜样。

同时，云鸟还提出了“电商小时达”与“同城配送小时达”的服务，从仓库到目的地可以一站式送达，不仅缩短了配送的时间，也提高了配送的精准度，进一步提升了客户的配送体验。此外，与其他的同城配送相比，云鸟上的司机不再是简单的送货员，同时还兼职搬运、销售、安装、客服等工作，在为客户提供货物交付服务的同时，还能够创造更多实实在在的价值。

◇殊荣加冕表现不凡

传统家居供应链正在经历一场深刻的变革，未来云鸟将在家居供应领域发挥更重要的价值，从原本提供单一的物流服务变成送装一体服务，云鸟也将亲身参与到各行业客户的供应链改造中。

云鸟通过与尚品宅配、丽维家、TATA 木门等知名家居建材企业的合作，而当选全国工商联家居装饰业商会家居电商商委会常务理事单位。

2015 年对于云鸟而言，具有非凡的意义，在这一年里，云鸟凭借自身的实力得到了社会各界的认可，并先后获得了各种各样的奖项，包括由中国交通运输协会颁发的“金飞马奖·中国物流业城市配送金奖”、中国烹饪协会颁发的“优秀餐饮物流服务商”“杰出电商仓储/物流服务商”等。

各种殊荣的获得对云鸟来说是一种鼓励和鞭策，而要打造良好的城市配送生态环境、提升配送服务品质，云鸟在未来还需要更加努力，同时也需要做好迎战各种困难的准备。

第二节 人人快递：共享经济下的“自由快递人”

1. 不是快递公司，而是众包服务

快递行业作为一个劳动密集型产业，对快递员的需求从来都是有增无减，而“人人快递”的加入却搅动了快递行业的一池春水。人人快递充分发挥新一代的技术优势，致力于将全社会公民发展成为自由快递人。2014 年 11 月，人人快递完成了由腾讯和高榕资本投资的 1500 万美元 A 轮融资。此次融资主要用于人才引进和平台运营。

人人快递的投入运营在为快递行业打开一种新局面的同时，也引起了社会各界的广泛讨论。有的人认为，人人快递将社会闲散资源充分利用起来，提高了资源的利用率，应该积极倡导这种平台模式；而有的人则认为，人人快递的运营不符合国家快递管理办法的相关规定，而且因为缺乏有效的监管使得货品和客户的安全问题难以得到保障。

图：人人快递提供的服务

人人快递的 CEO 谢勤认为，人人快递并不是一种快递公司，而是打造了一种众包服务。众包平台作为一种新兴的商业模式，主要是帮助企业运用互联网技术将工作分配出去，而接收工作任务的人可以通过完成这一工作获得一定的报酬，知名的打车软件 Uber 就是一种典型的众包平台。

移动互联网的高速发展，让谢勤萌生了一个新的想法，实现物流领域与互联网的创新结合，打造一个共享平台，为同城物流业务的开展提供重要的支持。2013 年 3 月，亿博物流集团旗下四川创物科技有限公司推出了 APP 版的人人快递。

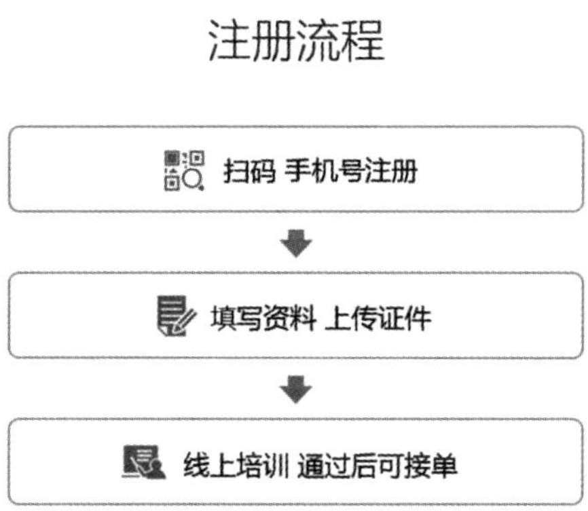

图：自由快递人的注册流程

图：自由快递人的工作流程

自由快递人是人人快递的核心支撑，当然，要成为自由快递人也需要经过实名认证、绑定银行卡以及拍照存档等操作，以保证包裹和客户的安全。人人快递从自由快递人的服务费用中提取部分佣金作为盈利，自由快递人与人人快递并不存在隶属关系。

从本质上来说，人人快递与滴滴出行和易到用车这些平台模式相似，滴滴出行不需要自己有出租车司机，易到用车不需要自己有私家车，而是通过平台整合社会上闲散的出租车司机、私家车等资源，为我所用，为有需要的人提供相应的服务。

人人快递在经过几年的发展之后，已经由最初的 30 多人成长为一支 200 多人的团队，为了实现让创意变成现实的美好愿景，人人快递非常重视对高端人才的引进，目前已经从国内三大互联网巨头公司挖来了一批优秀的人才，并且推动 APP 版的人人快递逐渐走向了成熟。

人人快递平台上整合的信息主要包括：自由快递人帮用户随程捎带的物品；帮忙代购的东西，比如蛋糕、小吃等；自由快递人帮助用户代办的事项。

人人快递作为一种新生的事物，由于缺乏有效的监管，在运作的过程中遭到了各种质疑。2015 年，河南、湖北、上海等地的人人快递业务被叫停。反对者认为，这种人人都可以充当快递员的模式，脱离了国家对快递管理的范畴，可能会导致各种安全以及社会问题。

人人快递虽然有“快递”两个字，但实际上提供的服务跟快递并没有直接的联系，而且随着社会的发展进步，政府也正在不断调整优化各种政策，未来或许“人人快递”模式能够得到社会各界的广泛认可。面对社会上的各种质疑，人人快递也进行了一些调整，将加盟业务收回，所有的业务改由公司直营，提高了货物配送的安全性。目前，人人快递已经在北京、上海、杭州、广州、深圳、成都六大城市实现了业务覆盖，进一步增强了公司对业务的把控能力，提升了用户的服务体验。

人人快递除了缺乏相关的监管之外，其货物、送货员以及客户的安全信用体系问题也是遭到众人声讨的缘由。由于没有统一的标准可以借鉴，同时因为缺乏相关的安检措施，对各种可能存在的危险物品、易燃易爆物品无法实现有效的防范，因此，人人快递可能会导致各种比较严重的社会问题，影响社会公众的安全。

为了提高安全信任的系数，人人快递从三方面入手建立了属于自由快递人的信用体系：

☆个人金融信用，比如个人的信用卡和贷款的使用情况等。

☆网上交易信用情况。

☆业务交易信用状况，比如是否按时送货，用户对自由快递人的相关评价等。如果自由快递人的信用度比较低，接单权限就会受到限制，严重的话可能会被封号。

尽管人人快递仍然处在一片质疑声中，但毋庸置疑的是，人人快递将社会上的闲散资源充分利用了起来，实现了商业模式的创新，因此，在将其一棍子打死之前，不妨先考察一下市场，了解真实的市场状况。

附录：人人快递平台的发货人管理条例（2015 年 12 月）

发货人管理条例（2015 年 12 月）

编号	管理规则	1 个月		
		1 次	2 次	3 次及以上
1	恶意取消订单 （已给自由快递人造成损失，每次扣除 3 元）	警告	停用发货 2 日	停用发货 7 日
2	拒绝补偿因收发货人原因造成的二次运费	警告	停用发货 2 日	停用发货 7 日
3	故意填报不实订单信息：地址、电话、重量、价值（平台有权利取消订单或扣除差额补贴自由人）	警告	停用发货 7 日	停用发货 30 日
4	在重要提示中指定＊＊自由快递人接单	停用发货 2 日	停用发货 15 日	没机会啦
5	私下要求自由快递人捎带货物	停用发货 7 日	停用发货 30 日	没机会啦
6	不配合平台的协调取证或态度恶劣	停用发货 7 日	停用发货 15 日	停用发货 30 日
7	恶意投诉、差评自由快递人	停用发货 7 日	停用发货 30 日	没机会啦
8	恶意索赔：虚报货物价值、不合理赔偿要求（平台有权拒绝赔付）	停用发货 30 日	没机会啦	没机会啦
9	任何故意不尊重自由快递人的行为	停用发货 30 日	没机会啦	没机会啦
10	套取平台奖励，发布和接收不合理订单（平台保留追究损失的权利并冻结相关人员账户及资金）	没机会啦	没机会啦	没机会啦
11	恶意发布不真实订单以骗取自由快递人获利	封号并移交公安机会	没机会啦	没机会啦
12	恶意发布违禁品（如情节严重，平台有权移交相关部门处理）	没机会啦	没机会啦	没机会啦
13	任何恶意损害人人快递平台信誉的行为	没机会啦	没机会啦	没机会啦
符合处罚条件的用户，平台会严格按此条例执行。用户在 24 小时内有申诉的权利。此案例仅举列部分违规情况，如遇特殊情况会特殊处理（情节严重，平台会封停注册账号）。				

2. 挖掘用户需求，深耕利基市场

随着市场经济的快速发展，“二八定律”除了被应用于财富分配以及收益模式之外，在商业运作以及经营中也开始发挥日益重要的价值。商业模式得到了迅速的成长，同时财富也得到了积累，但与此同时，也出现了一种有趣的现象：社会上有 20% 的需求已经达到了饱和供应，而 80% 的需求却没有得到基本的满足。

因此，一些敢于挑战传统的新型商业模式应运而生，开始深入挖掘利基市场的用户需求。亚马逊就是一个比较典型的案例。移动互联网的高速发展带来了许多新的机遇，同城配送领域作为一个未开发的处女地，已经引起了国内外诸多互联网公司的关注。

美国的 Postmates、Zipment、Uber，英国的 Shutl 等初创企业在经过几年的发展之后已经取得了一定的成绩，吸引了投资者的目光，获得了巨额的风投，同时也在市场上获得了公众的认可。国内的人人快递同样也是一种颠覆传统的创新。

传统的配送服务满足了社会大众特定的配送需求，而利基市场的需求还有待挖掘和满足，这也是一个充满巨大潜力的领域。

比如鲜花店，一般在节日期间才会达到销售高峰，有明显的淡旺季之分，同时也有派送外卖的需求，如果雇佣专职的外送人员成本较高，而如果使用传统的配送服务又难以满足鲜花派送对时效性的需求；再比如美食店，通常会在用餐时间达到高峰期，这时候店内人手都比较紧张，难以兼顾外卖，也让很多距离店面较远但是想要大饱口福的消费者打消了念头。

为了满足上述利基市场产生的配送需求，就产生了点对点捎带的配送方

式。人人快递在借鉴 Postmates 的基础上，融入了 P2P 的概念，有需求的用户以及服务提供者可以实现无缝的身份转换，意味着需求用户可以成为服务提供者，而服务提供者也可以随时成为有需求的用户。需求用户和服务提供者可以在同一个终端 APP 上进行操作，通过顺路捎带的服务理念，鼓励用户之间相互帮助，从而让用户对人人快递有一个更深刻的认知。截至 2016 年 1 月，人人快递平台上注册的用户已经超过了 700 万人，日交易订单量达到 20 万。

根据利基市场而产生的新型产品，不仅创新了商业模式，创造了一定的财富价值，同时还为人们带来了一种新的生活方式，营造了一种良好的生态环境。

通过顺路捎带、互帮互助的方式，打破了人与人之间不信任的屏障，构建了社会化的诚信体系，也为人们的日常交往创造了一种有利的环境。同时，人人快递充分调动起社会上的闲置资源，提高了资源的利用率，符合社会对低碳、环保生活理念的追求。

在中国从“制造”到“智造”的转型过程中，众包模式的兴起可以为其带来上千亿元的利润空间。2008 年北京奥运会火炬的诞生就是采用了公开征集创作以及定向委托创造相结合的征集方式，充分发挥了大众群体的智慧。而这种借助互联网整合群体智慧的方式也为企业的研发开辟了一条新路径。

人人快递的出现可以帮助中小企业冲破销售瓶颈，迎来一个新的销售局面，高效、低廉的众包模式可以提供代卖和代购服务，帮助企业将产品销往更大的市场。而人人快递倡导人人都可以成为自由快递人，解决了社会上一部分人的就业问题。

3. 人人快递众包模式的 3 个特点

人人快递倡导每个人都可以成为自由快递人，他们可以根据自己的行程捎带快件，将快件送达目的地，不仅节约了社会资源，同时也实现了低碳、环保的社会追求。人人快递鼓励人人参与、互帮互助，创造了一种全新的生活理念，同时也缓解了快递公司的压力，打造了一种服务于社会大众的生活快递品牌。

人人快递采用了新一代的信息技术手段，实现了全程无纸化操作以及 GPS 跟踪，同时实行信用卡绑定以及严谨的诚信机制，保证投递的安全可靠。

人人快递采用的众包模式有三大特征：

图：人人快递众包模式的 3 个特点

◇快速性

与传统快递相比，人人快递具有发件快、取件快、送件快的特征。

1）发件快：用户只要下载手机终端并完成注册，用手指轻点寄件流程就能够迅速实现智能寄件，既简单，又快捷。

2）取件快：在 APP 上发布寄件需求，附近的自由快递人就能在最短的时间内上门揽件。

3）送件快：人人快递实现了快件不落地，直送直达的服务理念，快件无需等待，缩短了运送的时间。

◇**安全性**

1）信息最安全：人人快递实现了全程无纸化操作，快件在成功送达之后，快递的信息将自动封存，保障了客户信息的安全性。

2）货物最安全：自由快递人在揽件时，数据后台会冻结快递人信用卡的等价资金，确保快件不会丢失；实行保险公司全程投保，货物一旦丢失，客户会获得由保险公司提供的一部分赔偿；运送全程实现 GPS 追踪，寄件人可以随时查询快件的信息；采用一对一直提直送的方式，避免了暴力分拣对快件造成的损害。

◇**自由性**

1）发件自由：用户通过手机 APP，可以随时随地发布寄件需求，突破了时间和地域的限制。

2）快递人工作自由：自由快递人一般都会有固定的工作，只是利用闲暇时间，根据自己的行程选择可以随程捎带的快件，不会影响自由快递人的正常工作。

3）接件自由：人人快递管理平台上每天都会推送各种快件信息，自由快递人可以根据自己的时间和行程，选择合适的快件，没有强制性的规定。

4）工作时间自由：自由快递人可以利用自己下班时间、出差时间以及休闲时间选择派送快件，平台也没有硬性规定。

5）收益自由：自由快递人在将随程捎带的快件安全送达之后，可以在现场获得全额的快递费用，收益费用可以自主支配。

第 7 章

共享金融：新常态下互联网金融的变革与创新

第一节　众筹：传统融资模式的颠覆与变革

1. Kickstarter：全球最大的众筹平台

Kickstarter 是一个支持鼓励创新创造活动、并在自身网站平台专门为创意项目筹集资金的公司。一方面，Kickstarter 将富有创意的想法、方案或项目放到网站上，为这些创意的实现提供面向公众募资的网络平台；另一方面，拥有资金的投资人或者大众可以查看感兴趣的项目并对其进行资金支持，从而见证新发明、新创作、新产品。

◇发展历程

2009 年 4 月 28 日，Kickstarter 在美国纽约正式成立，致力于帮助有创造力的人获得他们所需的资金，以便将梦想变为现实。这种鼓励创造、支持创新的宗旨，帮助 Kickstarter 公司赢得了社会认可和快速发展。

2010 年，Kickstarter 为 3910 个创意项目众筹到了超过 2763 万美元，项目融资成功率达到 43%，被纽约时报评为“2010 年度最佳发明”；2011 年，Kickstarter 平台的融资成功率提高到 46%，为 11836 个项目募集到接近一亿美元资金，获得纽约时报评选的“2011 年度最佳网站”称号；至 2012 年 10 月 10 日，Kickstarter 网站总共为 73620 个创意项目进行了众筹，融资的平均成功率为 43.85%，募集到的资金高达 3.81 亿美元。

随着移动互联网时代的到来，Kickstarter 公司又开始在移动互联网领域进行布局，于2013年2月14日推出了iPhone手机应用，为创意项目和愿意提供资金支持的用户提供更为方便、快捷、优质的服务。

当前，Kickstarter已经发展成为全球最大也是最成功的创意项目众筹平台，众筹项目包括艺术、动漫、舞蹈、设计、时尚、电影视频、食品、游戏、音乐、摄影、出版、技术和戏剧13个大类，以及这些大类项目细分的36个子类。在融资成功率上，舞蹈、戏剧和音乐分列前三位；融资金额方面，电影视频、音乐、游戏三类项目获得的资金最多，占到总众筹资金的一半以上。

表：不同类别在Kickstarter平台的融资情况（来源：创业帮）

项目类别	项目数	募集金额（单位：百万美元）	成功项目募集金额（单位：百万美元）	失败项目募集金额（单位：百万美元）	成功率
影视	20，967	93.33	76.93	13.77	39.27%
游戏	3，337	71.62	63.8	4.62	34.42%
音乐	17，539	56.59	50.21	4.58	54.14%
设计	2，649	56.55	50.05	5.12	37.32%
科技	1，506	30.08	22.39	2.16	31.67%
出版	8，344	18.97	15.39	3.08	31.27%
艺术	6，878	17.13	14.35	2.2	48.56%
食品	2，487	12.93	10.32	2.03	40.36%
戏剧	3，757	11.72	10.34	1.04	64.28%
动漫	1，868	10.3	9.17	0.7	45.92%
时尚	2，187	6.14	4.99	0.9	27.13%
摄影	2，469	5.78	4.78	0.87	37.42%
舞蹈	1，043	2.91	2.68	0.19	70.36%
总计	75，031	394	335	41	43.80%

整体来看，Kickstarter 网站众筹项目的融资金额多在 1000 – 10000 美元之间，不过随着网站影响力的提升，近期超过 10 万甚至 100 万美元的众筹创意项目也在不断增多。同时，Kickstarter 平台上创意项目的众筹结果也呈现出两极分化的现象：12% 的创意项目没有获得任何资金，而在获得 20% 以上目标资金项目中，高达 82% 的项目最后都成功实现了众筹。

◇商业模式

与传统渠道不同，Kickstarter 借助互联网平台强大的传播整合能力，致力于帮助创新项目面向更广泛的公众进行资金筹集，大大提高了项目融资成功的概率。同时，为了保证投资人的资金安全，Kickstarter 网站还建立了“质押转撤”机制。即创意项目发起者设置一个时间期限和最低融资目标金额，如果在预设时间内没有获得最低目标的融资金额，那么就意味着该项目众筹失败，已经筹集的资金也无法获得。

Kickstarter 并不局限于美国本土，其他国家的投资人如果在网站上发现了感兴趣的项目，也可以通过平台指定的第三方支付机构亚马逊支付（Amazon Payment）进行投资。对于众筹成功的项目，Kickstarter 会从融资金额中抽取 5% 的佣金；亚马逊支付平台也会视具体情况抽取 3% – 5% 的佣金。

另外，不同于其他众筹平台，Kickstarter 公司宣称不会占有在其网站上进行众筹的创意项目的所有权，创意项目网页会被永久性存档以方便人们查阅。而且如果项目成功实现了众筹，那么其在网站上的内容和信息将无法再次编辑或删除。

2. 追梦网：从众筹到众投的商业路径

美国 Kickstarter 网站的成功开创了“互联网 +”时代投融资的众筹模式，

也受到了其他国家和地区的争相模仿。众筹又称大众筹资或群众筹资，是一种基于互联网平台的合作行为。

一方面，发起人借助网络平台向更广泛的大众（投资人）介绍自己的创意项目，并以某种非股权性的回报向公众募集资金；另一方面，公众可以在众筹平台上更方便地发现自己感兴趣的创意项目，并通过众筹平台进行投资，以帮助该创意项目顺利实现。

在国内，Kickstarter 的模仿者主要分为两类：一是偏向硬件开发的点名时间，另一个则是以文化类创意项目为主的追梦网。

2011 年，22 岁的杜梦杰创建了“追梦网”。这个以“分享创意、推动梦想”为宗旨的筹资平台，相信创新的众筹模式是匹配创意和资金的最佳方式，能够更加高效便捷地帮助创意项目实现融资目标。

图：追梦网 APP 界面

追梦网于 2011 年 9 月 20 日正式上线，仅用一年多的时间，就帮助音乐、电影、出版、旅游、人文等不同领域的数百个创意项目成功实现众筹，总融资金额超过 300 多万人民币。今天，追梦网正带领追梦者、助梦者、员工和投资人转向新的征程：由众筹走向众投。

◇众筹通往众投的逻辑

经过几年的发展沉淀，追梦网已经有了比较成熟的运作模式，特别是在用户、创意项目发起人和投资者等方面的积累，为其从众筹走向众投模式提供了有利条件：

1）那些众筹成功的项目发起者，在不断完成创意的过程中建立了自己的团队、积累了项目经验（如产品研发、推广和渠道等），也在线下获得了诸多合作伙伴、粉丝群体和渠道资源。这为创意项目和团队逐渐转向公司化、体系化运作奠定了基础。这时，作为新公司的创立者，项目发起人就不再愿意如以往那样对每个创意项目逐一进行资金众筹，而是希望借助已有的经验和渠道，通过市场的方式去获取、整合更多资源，实现更大的梦想。

2）资助文化和习惯的成功培育，也为追梦网转向众投模式提供了助力。随着追梦网平台影响力的扩散，以及众多创意项目取得的巨大成功，使更多的人愿意相信平台和平台上的创意项目。特别是那些拥有雄厚资金实力的投资人，已经不再满足于提供单纯的资金支持，而是希望通过资本规则参与到创意项目之中，帮助创业者更好地运作项目，从而使自己的投资能够获得更多的回报。

3）最后，转向众投模式也有利于增强追梦网的业务变现和竞争能力。随着平台业务的发展成熟，追梦网积累了庞大的流量，这使其不仅能够获得项目众筹提成，还能够借助广告和产品首发实现创收。

而从单纯的众筹模式走向众投，一方面能够帮助追梦网吸引更多的早期项目，从而增强市场上的竞争能力；另一方面，更多的项目和产品首发机会，也能够增加平台众投中的业务分成收入。

◇**追梦网的前景与忧虑**

从众筹走向众投，将为追梦网开拓出一个更广阔的市场发展空间，并极大增强平台的商业变现能力。特别是在国家“双创”和“互联网+”计划的推动下，越来越多的人走向了互联网创业之路。而追梦网凭借其成熟的运作模式和众投模式转型，将有可能成为众多早期创意项目的主要发布渠道，进而成为线上创业服务的关键入口。

不过，追梦网的众投模式转型也面临着不少问题。首先是法规政策方面的风险。不同于简单的众筹模式，众投涉及到了股权融资等更为复杂的问题。这将使追梦网面临更大的法律风险，一旦操作不当，就很可能触及法律政策的雷区（如非法集资等问题），从而影响企业的长远发展。

从平台自身来看，追梦网的运营团队十分年轻，而众投服务又比众筹服务复杂困难得多。因此，能否做好众投服务市场，对追梦网团队来说也是一个巨大的挑战和考验。

第二节　股权众筹：筹人、筹钱、筹智的融资新模式

1. Crowdcube：全球首个股权众筹平台

2010 年 10 月，Darren Westlake 和 Luke Lang 在英国创立了 Crowdcube。该网站于 2011 年正式上线，并因开创了一种资金筹集新模式而被称为“银行业的颠覆者”。

简单来讲，Crowdcube 与淘宝网相似，都是通过有效的平台运营实现买卖双方的高效快速连接，只不过 Crowdcube 平台中的商品是“股权”。2013 年，Crowdcube 被评为欧洲最火的 Tintech 公司；至 2014 年 7 月，Crowdcube 网站已经帮助 130 多家公司众筹到了 3000 万英镑的资金。

◇运作模式

与 Kickstarter 等其他众筹平台不同，Crowdcube 是一个以股票为基础的资金募集平台。通过 Crowdcube，一方面创业项目或企业可以直接面向最广泛的普通大众筹集需要的资金，大大拓展了融资渠道；另一方面，普通投资者可以通过认购股票获得投资收益，成为他们所支持企业的股东，并与创业项目或企业进行交流。其具体运作流程如下图所示：

图：Crowdcube 具体运作流程

◇项目上线

融资项目上线需要经过两个步骤：

1）项目申请：即融资者向 Crowdcube 平台提出申请，确定项目价值和融资的目标金额，并提供融资项目的具体描述、推广策略、商业规划、财务预测等内容。

2）标书制作：即融资者以简洁、专业的语言将融资计划发布到 Crowdcube 平台上，包括预期融资金额、融资期限、股权比例和类型、免税政策等内容。

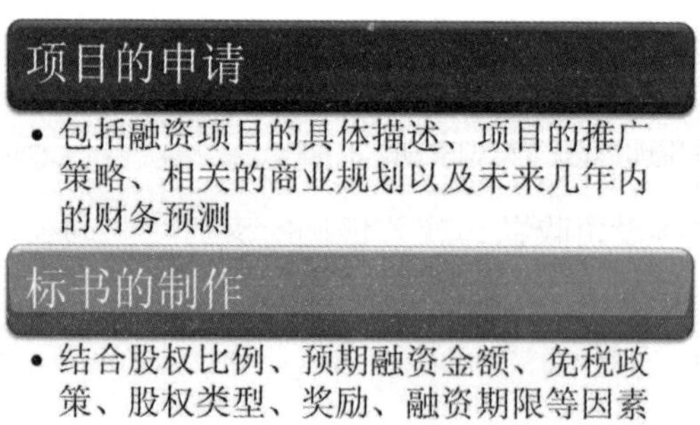

图：Crowdcube 平台融资项目上线的两个步骤

◇选择项目

即项目上线后，投资者就可以在 Crowdcube 平台上查看这些融资项目，并根据自己的喜好意愿、项目涉及行业、公司所处阶段等多方面因素选择想要投资的项目。Crowdcube 平台对融资项目的默认分类为：热门项目——临近截止日期的项目——新上线项目。其中，热门项目是指一周之内就已经筹得目标金额 50% 的项目。

Crowdcube 平台还设置了相关的问答环节，并与较为流行的社交网络进行战略合作，以便为融资者和投资者之间的交流沟通提供便利。另外，Crowdcube 还会进行相应的风险提示，以更好地保障投资者的利益。而在投资者进行投资后，其资金也会放入第三方支付平台保存。

◇资金募集

在预设的融资期限结束后，如果项目众筹的资金达到了预期目标，就表明融资成功；如果没有筹得预期金额，则说明失败，已经募集的资金也会返还给投资者。项目众筹成功后，投资者还会有七个工作日的考虑时间，如果没有异议，资金便会转入第三方支付平台。然后投资者将会收到融资方的股权证明书，这时融资过程才算真正结束。

另外，若融资方在标书中有承诺股权之外的奖励，Crowdcube 平台还需要监督他们在融资结束后的 60 天内将承诺的回报发放到投资者手中。

◇案例分析

Crowdcube 平台中比较著名的一个股权众筹案例是由 HAB 住房有限公司发起的，这次众筹刷新了当时融资金额的最高纪录。

成立于 2007 年的 HAB 因鼓励住房者发挥创意、并为他们主动参与设计自己的房屋提供便利而受到了大众的广泛认可。最终，HAB 在 Crowdcube 平台上获得了预期金额两倍的资金，出售了13.33%的股权，也为投资者提供了股权之外的众多奖励，如买房折扣等。

◇收费方式

在平台创收方面，Crowdcube主要是向股权众筹成功的融资项目收取一定比例的费用，而对于投资者和融资失败的项目，Crowdcube则不会收取任何费用。

2. Wefounder：股权众筹之“基金模式”

股权众筹的“基金模式”，是指投资者进行了项目投资后，众筹平台负责托管他们的资金。项目成功融资后，众筹平台会成立一个新的独立小基金作为投资者所支持的公司的单一股东，并代表他们对项目公司进行后续的监管。

Wefounder平台是“基金模式”的典型代表，致力于为人们提供优质的线上投融资服务，包括项目审核、资金保管、投后管理等内容。Wefounder不仅对所有融资项目进行严格的把关审核，以保证平台上的项目质量，而且对投资者也会进行相关的资质审查。

投资者通过审核后，需要首先将资金交给Wefounder保管，然后在网站上浏览查阅相关的融资项目，并可以向Wefounder平台咨询感兴趣的项目或公司的更详尽信息，以帮助自己更好地选择投资项目。

在选定融资项目后，投资者就可以通过Wefounder网站直接进行投资操作。然后在线签署投资文件，经过融资公司的确认以后，便完成了投资过程。Wefounder网站要求投资者的投资金额一般不得少于1000美元，某些特殊融资项目的最低额度则为100美元。

项目融资结束后，Wefounder 会将所有资金集中起来，成立一个新的独立小基金作为项目公司的单一股东，并代表所有投资者对公司进行后续监管。至于平台上的一个个投资者，则不会享有企业股东的投票权等权利，并且只有在公司上市或者被并购时才能够选择退出。

Wefounder 创造的这种股权众筹的“基金模式”，有着极大的优势。一方面，Wefounder 平台提供了包括项目审核挑选、资金保管、后续管理等一系列的投融资服务，为投融资双方提供了极大便利，有效降低了投融资成本。

另一方面，对于进行股权众筹的企业来说，Wefounder 平台代表众多分散的投资者成为创业企业的单一股东，能够有效降低企业的沟通协调成本，方便创业企业的管理决策和日常运营活动；对于投资者而言，面对拥有极高信誉度的 Wefounder 平台显然比直接面对创业企业更能保证自己的资金安全，也减少了与企业打交道的各种麻烦。

另外，Wefounder 依托于创业孵化器 Y Combinator，有着充足的项目来源；同时平台对融资项目的审核筛选也十分严格，保证了项目质量。这使 Wefounder 平台具有了较高的公信力，从而既保证了投资安全，又提高了项目融资的成功率。

3. AngelList：“领投 + 跟投”模式

国内电商巨头京东采取的“领投 + 跟投”融资模式，是当前国内比较流行的股权众筹方式。主要是在众筹过程中，由一个经验丰富的专业投资者作为“领投人”，负责项目的审核筛选，其他众多投资者选择跟投。该模式源起于美国的股权众筹平台 AngelList。

AngelList 于 2010 年上线，是一家专门连接创业企业和投资者的网站，其推出的Syndicates（联合投资）功能允许经过认证的单个天使投资人联合其他投资者进行投资，由此创新了传统的风投产业，开启了股权众筹平台的VC模式。因此，“领投+跟投”的股权众筹模式也被称为“Syndicates模式”。

◇股权众筹的“领投+跟投”模式

在AngelList的“领投+跟投”模式中，领投人是经过认证的具有丰富专业投资经验的知名投资人；跟投人则是众多的普通投资者，他们选择跟随某个领投人并成立联合投资体，共同向领投人找到的项目进行投资。

在AngelList平台中，领投人负责筛选审核融资项目和后续监管，并需要首先投资不低于项目融资金额10%的资金。当然，领投人一般也会获得投资收益20%的提成作为报酬。同时，此种模式中的跟投人并不直接向创业公司进行股权投资，而是将资金放入AngelList网站专门为具体的融资项目成立的联合投资持股平台之中。持股平台会按照领投人的指示向创业企业投资、进行创业公司股份的买卖，以及在公司股东大会中行使投票表决权，等等。

因此，AngelList股权众筹模式的核心，其实是领投人而非企业直接向众多投资人进行融资。即针对具体的融资项目，领投人首先向众多的跟投人进行融资，然后再将募集的资金投给创业企业。融资的主体由以往的创业企业变成了领投人。

风险投资包括两个阶段：风投基金首先向众多投资者募集资金，然后再把资金投给各个企业。风投基金成为企业和投资人的中介环节。AngelList将自身定位于一家专门连接创业企业和投资者的平台，因此其开创的股权众筹“领投+跟投”模式，也可以看作是一种创新性的风投基金VC。

具体而言，AngelList平台中的领投人类似于VC中的基金管理者。只不过后者是先募集到一笔钱放入风投基金中，然后根据情况采取投资组合的方式，将资金投给大量不同的项目。而在“领投+跟投”中，领投人需要先筛选发掘出优质的项目，然后根据这个具体投资项目向跟投人募集资金，并以联合投资体的名义将资金投给创业公司。

因此，股权众筹的“领投+跟投”模式也存在领投人这个中介环节。只不过风投基金 VC 模式是一种大规模的批量融资、投资，而“领投+跟投”更像是“零售”，是针对一个个具体项目进行的融资和投资。

◇ “领投+跟投” 联合投资模式的优势

AngelList 开创的“领投+跟投”联合投资模式，实现了跟投人、领投人和创业企业的共赢，其优势主要包括：

1）对领投人来说，这种联合投资的方式，一方面可以帮助领投人撬动更多的资金（一般是领投人自己投资金额的 5－10 倍），从而参与进更多项目的投资或者领投之中。另一方面，领投人撬动更多的资金去投资，也能够增强其在融资项目中的话语权，从而为联合投资体中的所有投资者争夺更大的利益。最后，领投人还会获得金钱和社会关系方面的收获。如额外的收益回报（AngelList 平台上一般是 20% 的投资收益提成）；借助联合投资体融入众多跟投人的社会关系中，从而获取更多的潜在价值。

2）对跟投人而言，跟投人参与到领投人组织和管理的联合投资体中，能够充分借助领投人丰富的投资管理经验，获取更多的投资回报。

3）对创业企业而言，“领投+跟投”的股权众筹模式，由于有了领投人这个中介环节，因此免去了与众多分散的投资人直接纠缠的麻烦，大大降低了协商成本，有利于创业企业的决策管理。

同时，创业企业只需要处理、维护好与领投人的关系，就能够获得远超领投人投资金额的资金（一般是 5－10 倍），并获得众多跟投人的社会关系，从而更好地实现成长发展。

4. 3W 咖啡馆：中国式股权众筹的玩法

股权众筹的出现及其不断进行的模式创新，大大提高了创业企业融资的效率和成功率，也成功帮助众多的创意项目和梦想变为现实。

2011 年 8 月，被福布斯中文网称为最具中国特色的众筹创业项目“3W 咖啡馆”在北京正式营业。这家由许单单、马德龙、鲍春华联合创立的咖啡馆，以其“咖啡为媒介，构建服务于创业培训以及风投机构与优质项目无缝对接平台”的理念，吸引了沈南鹏、徐小平、李青等众多商业大咖的加盟，

图：3W 创业服务平台的优秀项目

并成功将业务范围扩展到了创业孵化器等领域。3W 咖啡馆通过向社会公开融资的形式进行股权众筹，每股 6000 元人民币，每人占有 10 股。不过，“3W”众筹模式的独特之处在于，并非有了 6 万元就可以入股，而是会对股东进行一定的考核。

具体来讲，3W 咖啡馆股权众筹的对象是互联网创业者以及专业投资人。

对这些股东而言，所看重的不是那 6 万元投资所带来的收益，而是 3W 所聚合起来的人脉关系。对于创业者来说，3W 所拥有的资深企业家和投资人资源，是一笔宝贵的财富，能够帮助他们更好地进行创业；对于投资人来说，则有更多机会获得优质投资项目，而其所获得的项目投资回报，可能是远远超过 6 万元的几百万甚至上千万元的收益。

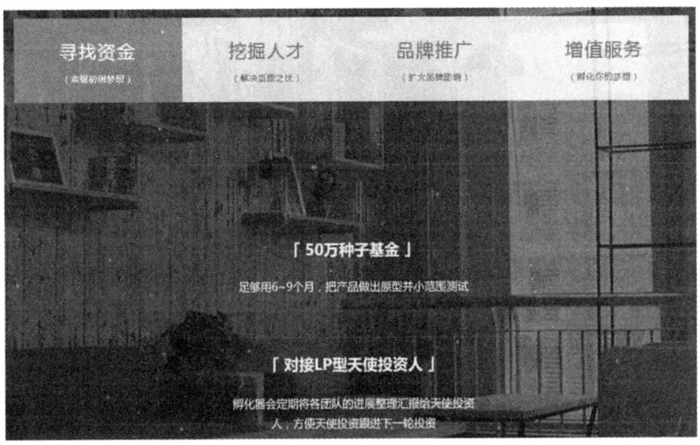

图：3W 创业服务平台提供的服务

从这个意义而言，3W 咖啡馆的角色功能更像是连接项目融资方与投资方的第三方服务平台。那些有融资需求的项目方或者有着创新精神的创业者，可以通过 3W 举办的年度大会、季度活动、小型主题分享会、小型深入交流会等各种活动，直接与投资人进行面对面的沟通，或者寻找潜在的合作伙伴。

作为国内首个股权众筹咖啡馆，3W 当前已经成为互联网领域最核心的人脉圈，获得了股东和外界的极高评价。2014 年 8 月，3W 旗下的“拉勾网”，完成了 2500 万美元的 B 轮融资。2015 年 4 月，3W 咖啡获得了由京东领投、东方弘道和清华控股跟投的数千万 A 轮融资。

3W 股权众筹模式属于会籍式众筹，即同一个圈子里的人聚集起来共同出资做一件大家都感兴趣的事情。如 3W 咖啡馆，就是以咖啡馆为媒介平台，将互联网领域的创业者和投资人连接起来，并为他们提供了线下交流的固定场所。

会籍式众筹的主要目的不是依靠实体经营获利，而是搭建某个领域的关系圈子，为创业企业和投资人构建一个连接交流的渠道和平台。因此，这种模式也可以广泛应用到酒吧、餐厅、会馆等服务行业中，并且有助于提升这些行业的服务质量，具有较大的发展潜力。

通过将某个领域的各种资源有效聚合起来，会籍式众筹不仅募集到了项目资金，还培育了一批高忠诚度的用户。而投资者不仅借此拥有了自己的咖啡馆、酒吧、美容院等实体产业，获得了投资收益，还通过关系圈子拓展了人脉资源，提升了社会地位。

第三节　P2P 金融：共享经济浪潮下的普惠金融

1. 宜人贷：中国 P2P 网贷上市第一股

2012 年 3 月，宜信公司推出的“宜人贷”网站正式上线，致力于为个人借款和有理财需求的出借人提供一个轻松、便捷、安全、透明的网络借贷服务平台。

流程上，首先是有资金需求的借款人发布自己的借款请求，然后宜人贷平台会对借款人的信用度进行审查评估，通过评估后便可获得所需的资金支持；资金出借人则可以借此获取相应的理财收益。

从交易模式上看，国内 P2P 网贷主要包括三种：

1）线下交易模式：即 P2P 平台只发布贷款和出借信息，交易的具体过程则由 P2P 网贷机构和用户在线完成，其典型代表是首批入驻温州民间借贷中心的“宜信”。另外，证大集团旗下的“证大 e 贷”和平安集团的“陆金所”也属于线下交易模式。

2）保障本金安全的 P2P 网站：这是国内 P2P 网贷的主流模式，平台承诺如果资金发生安全风险，投资人的本金将由平台先行垫付。较有代表性的是北京的“安心贷”和上海的“你我贷”。

3）不承诺保障本金的 P2P 网站：即贷款人出现违约行为时，平台并不会为出资人垫付本金。采用这种模式的只有上海的“拍拍贷”网站。

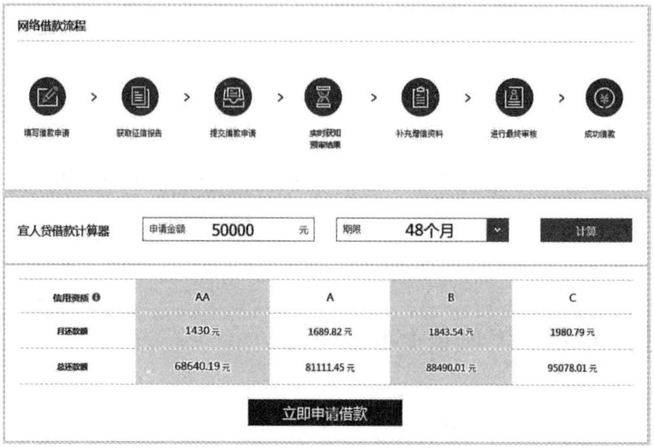

图：宜人贷平台的借款流程

与宜人贷一样，宜信等 P2P 网贷平台也不会出现线下资金池的问题。因为总是会先有了借贷人的资金需求，平台才会将借贷双方连接起来，并为他们提供一系列的相关服务。

不过，宜信在刚成立运营时，对出借人和借款人的连接速度还比较迟滞，无法有效满足借贷人对资金的迫切需求。为此，宜信公司 CEO 唐宁通过先自己出资满足借款人的资金需求，然后再把债权转让给有意愿的出资人的方式解决了这个问题。随着平台运营逐渐成熟以及相关技术的突破，宜信如今的业务大都可以通过电子签名的方式实现客户间的即时对接。

致力于为城市白领群体服务的宜人贷业务，还为有资金需求的借款人打造了全新的“1 分钟授信，10 分钟批贷”的在线快速借款服务。同时，基于已经积累的大量目标用户信息，宜人贷还致力于探索针对用户具体特质的差异化和数字化营销策略，以优化服务体验，实现品牌形象的塑造与推广。

2. 积木盒子：发展、特点及运营模式

随着互联网金融的快速发展，层出不穷的 P2P 网贷平台也逐渐吸引了越来越多的目光。其中，“积木盒子”以其强大的风控能力和较高的理财收益，获得了众多投资者的青睐，也频频成为相关媒体争相报道的对象。

◇积木盒子发展历程

2013 年 8 月 7 日上线的积木盒子，致力于打造一站式、全品类、互联网化的个人金融服务平台，为国内不断崛起的中产家庭提供低门槛的优质理财产品和服务。例如，当前国内普通货币基金性互联网金融产品的年化收益率在 4% 左右，而积木盒子项目的收益率一般在 12% –14% 之间。

图：积木盒子平台的部分理财产品

在流程上，积木盒子也是通过线上平台将借款人与投资人有效匹配起来，以满足双方的借贷和理财需求。为了平衡投资风险与收益，积木盒子上的所有投资产品都是融资担保机构全额本息担保标和实地调查认证标。同时，平

台实行融资信息和资金流转的全透明化操作，消除了投资人对资金去向和安全的担忧。

◇积木盒子特点

1）安全性：积木盒子中的资金交由第三方托管机构上海汇付天下管理，且资金流向和用途监管方面高度透明，是一个不存在资金池和非法集资风险的安全正规网贷平台。风控能力方面，平台中的大部分成员都具有一定的金融背景，有效保障了资金的安全性；同时，积木盒子还会组织投资者观察团，以便使投资人更详细地了解借款人信息和平台资金的具体流向。这些都为平台赢得了良好口碑。

2）流动性：积木盒子的主要借款对象是中小微企业，因此平台上的交易也主要是中长线标（12 个月）的大额贷款。这导致平台资金的流动性不高，资金的周转周期也较长。不过，积木盒子的资金是由第三方平台上海汇付天下进行托管，因此流动性较低并不会影响到平台投资用户的资金安全。

3）平台规模：积木盒子的主要业务是企业抵押借款，借款标的金额比较大，通常为 500 万元左右。因此，积木盒子的交易规模在整体网贷行业中也是处于前列。

4）收益率：积木盒子产品的年化收益率平均在 12% 左右，属于偏稳健型的理财平台。

◇积木盒子运营模式

积木盒子的运营模式受到普遍认可和青睐，一度成为网贷行业的聚焦点。特别是“商圈贷”“积木镑客”等不断创新的产品和运作方式，不但推动了平台的持续成长，还在一定程度上重构了人们对网贷的认知。

1）积木盒子商圈贷。

所谓商圈贷，即是以借款企业为中心，将借贷业务扩展到该企业所在产业链的上下游企业中。比如，在围绕联想集团形成的涵盖产业链诸多下游企业的商圈中，如果联想集团比较认可这些下游企业，那么积木盒子在对这些企业进行借贷审核时，也会考虑联想的判断，其权重就会很高。商圈贷极大拓展了积木盒子的业务规模，增强了平台的可持续发展能力。

积木盒子对借款方和融资项目一直采用十分严格的线下审核方式，项目审核的平均通过率只有 18%，从而最大程度地保障了投资者的资金安全。同时，为了降低线下审核的边际成本，积木盒子当前只在北京、上海、云南三地成立了工作站，然后以这三个城市为中心辐射周边地区。

2）“积木镑客”双重身份。

另外，为了更好地获得优质项目、拓展业务规模，积木盒子还推出了“积木镑客”这一新型的渠道类信贷产品。“镑客”拥有双重身份：既是投资者，又是融资项目推荐人。

为了保证项目质量，积木盒子要求镑客必须向其所推荐的融资项目中投入一定比例的资金和保证金。同时，镑客作为投资人在积木盒子中所拥有的投资债权和交纳的保证金，也都将成为其推荐项目的风险保障金。

3. 好好理财：征服投资者的三大理由

虽然近一两年互联网金融领域风起云涌、发展迅猛，不过绝大多数人对互联网理财平台仍然持有一种十分审慎的态度，特别是对平台安全性方面的担忧始终难以消除。而 2015 年 5 月正式上线的 P2P 金融平台“好好理财”，以“安全是一切的前提，收益是最终的目标”为经营理念，致力于为人们打造一个“创新、便捷、安全、高效”的一站式综合理财服务，受到了人们的广泛青睐和追捧。

目前，好好理财的注册用户已经超过了30万人，交易规模突破了4亿元，创造了互联网金融发展的“深圳速度”。好好理财成功发展的背后，得益于以下3个方面。

◇**品牌**

好好理财是一个具有国企背景的优质理财平台，始终将服务实体经济作为业务方向，把优质国企和相关企业的债权作为主要的业务来源，充分运用互联网思维解决中小微企业的融资困境，从而有效推动了小微企业的发展，也使平台自身获得了较高的人气和知名度。

图：好好理财平台的优势

图：好好理财平台的部分理财项目

以服务实体经济为宗旨，不断创新互联网融资模式，为用户提供优质的人性化产品和服务，是好好理财在短时间内获得广泛认可、实现跨越式发展的原因所在。从2015年5月正式上线，好好理财先后获得了第四届中国财经峰会商业模式奖、中国互联网电子商务优秀企业奖、中国互联网金融最具竞争力品牌、信用中国·最佳创新互联网金融平台、中国财经风云榜最具创新平台奖等多个荣誉，塑造了具有高知名度和影响力的口碑形象。

◇安全

安全性始终是投资者最为关心的问题，也是互联网理财平台的生命线。好好理财是由国资控股的金融平台，这使其可以借助国有资源弥补自身不足、实现优势互补，从而建立起竞争优势，更好地占有网贷市场。

1）资金安全上，好好理财也是采取第三方托管的形式，将用户资金交由招商银行管理，平台无法擅自动用；同时，好好理财还投入 1000 万元在中信银行建立了风险保证金专用账户，以便在借贷逾期时先行对投资者进行垫付。

2）风控上，好好理财的风控标准达到了国际化水平，借鉴银行的风险管理模式对融资项目进行审核筛选，从而更好地保障了项目质量和资金安全。

3）法律保障上，与具有资深银行金融法律服务经验的北京陈野律师事务所进行合作，以保障平台流程和业务运营上的法律安全。

4）账户安全上，与中智诚征信公司合作，为用户提供先进、创新和实用的征信技术，通过系统实名认证，姓名、身份证、银行卡三重验证，资金同卡进出等多种方式保证客户的资金安全。

◇服务

优质的服务体验也是影响人们选择理财平台的重要因素。好好理财通过技术、产品、服务等多方面的创新升级，为投资者提供清晰、透明、全面、及时的项目介绍、融资人资料、风险控制、还款来源等各方面的信息，优化了人们的平台体验，塑造出“创新、便捷、安全、高效”的品牌形象。

另外，政府支持互联网金融的目的，是希望通过互联网金融服务更好地推动实体经济，特别是中小微企业的发展。好好理财基于自身的国企背景，以为投资者提供优质理财服务和高效对接企业融资需求为目标，将社会责任和普惠金融创新结合起来，有效解决了中小微企业的融资困境，推动了互联网消费升级，从而成为互联网金融发展浪潮中的创新者、实践者和领航者。

第 8 章

共享家政：家政 O2O 掀起一场生活服务革命

第一节　58 到家：能否成为下一个“神奇的网站”

1. 58 到家能否搅动家政 O2O 市场

线下生活服务市场作为一个前景诱人的领域，吸引了越来越多互联网公司的加盟。2014 年，随着线下生活服务市场的日渐火爆，专注于本地社区及免费分类信息服务的“58 同城”宣布正式进军家政 O2O 行业，并推出了“58 到家”品牌，打出了“踢开中介自营家政”的旗号，58 到家的诞生在为家政 O2O 领域增添了一名新成员的同时，也为这一领域带来了一种新的运营模式。

2013 年中旬，家政 O2O 逐渐开始崭露头角，而今这一领域已经产生了多种运营模式，从多个不同角度切入的家政 O2O 呈现了一派热闹非凡的场景，资本市场也对社区 O2O 生活服务领域投注了更多的目光。家政保洁成为了一个新的行业焦点，未来随着家政服务的发展，上门服务也将逐渐走向多元化。

在生活服务 O2O 的各个垂直领域已经有了一批开路先锋：比如专注于家政服务的云家政、阿姨帮、e 家洁等；专注于上门美甲服务的河狸家、嘟嘟美甲等；提供上门维修服务的家电管家、易上门；提供厨师上门服务的爱大厨、好厨师等。

巨头们已经将下一步的战略目光瞄准了家政保洁领域，并纷纷在这一领域展开了布局。2014 年 3 月，淘宝生活家从临时保洁作为切入点进入家政保洁领域；10 月，淘宝生活服务频道与专业洗涤工厂合作，共同推出了懒人洗衣业务。

家政 O2O 的兴起，让已经聚焦于生活服务领域的 58 同城早已按捺不住。2014 年 7 月，58 同城推出“58 到家”，并由 58 同城创始人之一的陈小华担任公司的负责人。11 月 20 日，58 到家正式上线，在社会上引发了激烈的讨论。

图：58 到家的服务品类

58 同城作为一家专注于 O2O 服务的平台，始终提供的都是半闭环的信息服务，广度有余，深度不足。为了寻求平台的纵深化发展，58 同城也做过将线下传统服务中介做成信息化公司的尝试，但是收效甚微。而今的 58 到家在摆脱了信息化的捆绑之后，从连接人与信息，变成了连接人与服务、人与人，打造了一种闭环的信息服务。而 58 到家就是 58 同城在家政领域垂直化发展的产物。

“58 同城，一个神奇的网站”，是 58 同城广告中喊出的一个口号。众所周知，58 同城在生活服务领域掌握着重要的话语权，那么在家政服务领域，58 到家还能够创造“神奇”吗？

借助 58 同城在品牌上的影响力以及流量优势，58 到家刚一上线就在市场上得到了较高的呼声。同时为了激活平台的活力，姚劲波还表示将拿出一年至少一亿美元的补贴，开展劳动者招募和培训工作，激发用户的活跃度。

但是，58 到家的上线，也引得行业内其他竞争者怨声载道。58 到家作为一种 O2O 平台，与实际提供线下服务的服务人员并不存在雇佣和被雇佣关系，但是 58 到家却规定，挂靠在 58 到家上的服务人员不能在其他平台上接单。因此，这也就为 58 到家服务队伍的建设提出了更高的要求。

家政 O2O 市场能否因为 58 到家的加盟而发生巨大的变革呢？

1）在资源拓展上，58 到家开设线下服务站点以及培养家政阿姨等，会与附近的家政公司形成直接的竞争，同时 58 到家也可能会因为不能深刻理解线下家政业务，而产生与门店抢用户和阿姨的行为，这样一来就容易打破门店的合作关系，造成一种 58 到家与线下众多传统家政公司对抗的局面，这将为 58 到家的资源拓展造成更大的难度。

2）在品牌纵深上，58 同城从租房、招聘、家政等多个业务视角实现纵深发展，但是每个业务线的线下业务都有约定俗成的“行规”，同时兼顾广度和深度，容易影响用户体验。

3）在用户信任上，58 到家从标准化家庭保洁服务入手在家政 O2O 领域实现突围，由于该行业的标准化以及用户体验等复制性较强，不容易形成牢固的用户黏性。因此，市场上一些家政 O2O 产品除了提供保洁服务之外，还推出一些针对母婴和老人的家政服务，更容易增强用户的黏性。

4）在平台价值上，58到家的上线为58同城估值的提升提供了重要的推动力。从单纯的信息平台逐渐发展为服务交易闭环，是一条正确的航道。对于保洁O2O而言，每单订单的单价在60－100元。而从58到家公布的数据来看，平台上半个月的订单增长相当于一家线下门店一个月的增长，而一家线下门店一个月的成交订单只有30单左右，因此，目前58到家的订单增长还比较缓慢。

2. 58到家的家政O2O机会在哪里

O2O作为近两年的热门话题，已经渗透进了人们生活的各个领域，并在各个领域呈现了一派繁荣的景象。2014年11月，58同城推出58到家，并宣布正式进军家政O2O领域，使得O2O领域再掀波澜。姚劲波表示，将给予58到家全力的支持，帮助其实现迅速的成长。

58到家的加入为异常火爆的O2O市场带来了一缕新空气，58到家能否借助O2O的东风成功“借到箭”，其在家政O2O领域实现突围的突破口在哪里呢？

◇基于58同城的庞大分类信息数据

58同城作为国内最大的分类信息网站之一，在生活服务领域积累了大量的数据。58同城涉猎的生活服务包括餐饮、二手车买卖、汽车、家政、招聘、房产等多个领域，业务范围已经扩展至全国近380个城市，平台的月发帖量能达到5600万左右，每天发布的信息达200万条。

正所谓，“得信息者，得天下”，借助58同城建立起来的庞大分类信息数据库，58到家可以更加便利地掌握用户的需求，准确找到家政服务最大的需求点，并锁定用户群体。

◇58 同城积累的线下服务人员

尽管在招聘领域，58 同城面向的并不是高端市场，但 58 同城可以说是市场上的“老大哥”。有官方数据显示，58 招聘平台上的简历库中简历的数量已经达到了 1.5 亿，入驻企业约 3000 万。因此 58 招聘平台上积累了大量的基层服务人员，这也是 58 到家提供家政服务的核心资源。不需要花费时间和精力去招聘基层服务人员，58 到家在 58 招聘平台上就可以轻松找到大量的服务人员。

◇O2O 领域的混战会带来更多的机会

从依靠提供家政服务成长起来的云家政，到靠美甲发家的河狸家，再到专注于社区领域的叮咚小区，各个细分领域的出现和成长，也让 O2O 领域开始陷入混战的局面，而在这个大局未定的领域，同样也涌现着各种各样的机会。只有那些懂得抓住机会的人，才有可能最终赢得这场战争的胜利。

事实上，要在 O2O 领域开拓出一片天地，不仅需要处理各种脏活累活，而且还要面临线下成本高，业务拓展慢等问题，一般小公司在经过一段时间的摸爬滚打之后就被淘汰了，而像巨头 BAT 又不愿意将脏活累活揽在身上。因此，尽管 O2O 在近几年风生水起，但是真正在这一领域一家独大的公司并没有出现，这也就为更多的后来者提供了“居上”的机会。而 58 同城抢在巨头面前来吞食这块市场，或许将来有机会成为游戏规则的制定者。

3.58 到家需解决的问题及拓展方向

◇58 到家需要解决哪些问题

1）线下拓展成本高。

正如我们所认识的那样，O2O 项目的关键就是要将线上服务实现落地，因此就需要大量的线下团队，线下团队除了要与当地的家政、美甲、搬家等服务人员实现无缝对接之外，还应该做好线下推广工作。

因此，线下推广团队是整个 O2O 项目实现顺利运转的核心团队，像饿了么、小区无忧等 O2O 团队都有上千人的线下团队。虽然 58 同城拥有比较庞大的线下团队，但是在推动 58 到家上来说，这些数量还不够。此外，线下团队除了承接与服务人员对接以及推广的工作之外，还需要负责对家政人员进行培训，提升服务质量。

2）良莠不齐的服务水平。

家政 O2O 与其他领域不同的是，家政服务要追求服务流程的标准化和质量的精细化，注重提升用户的服务体验，这对于用户建立对平台的信任度具有重要的影响。因此，家政 O2O 领域的服务质量是关键要素，卫生打扫得干不干净，服务态度是否良好等，都会影响用户的体验。

为了提高家政服务的水平，58 到家在公布的战略决策中，将对服务团队的系统性培训当作了一个重点。但如何保证培训的质量以及怎样对实际的服务体验进行跟踪和把控是目前摆在 58 到家面前的一项挑战。58 同城作为一个半闭环的信息服务平台，关于其提供虚假信息以及服务水平良莠不齐的声音从未中断，而 58 同城至今也没有提出一种有效的解决方案。

◇58 到家有哪些后续的发展方向

1）与家政公司、物业公司合作。

有些地区的家政公司已经对鱼龙混杂的家政市场进行了规范性的整合，并形成了一套系统化和规范化的家政体系。而 58 到家选择与线下家政公司合作，不仅更容易与线下服务人员实现对接，减少工作量，同时在对服务人员的规范考核中也可以得到家政公司的帮助。而对家政公司来说，与 58 到家的合作，可以从线上获得更多的订单，对于业务拓展具有重要的价值。

因此，58 到家应该将自己定位为一个家政平台，而不是线上家政公司，在发展初期，应该与线下家政公司建立合作关系，实现线上线下的良好协作。

此外，很多居民一旦产生家政方面的需求，比如换锁、维修等，一般会首先想到联系物业公司，让其帮忙解决，因此，物业公司也掌握着众多的居民家政需求，而 58 到家通过与物业公司的合作，不仅能够为居民的生活提供极大的便利，同时也可以减少其在线下推广的成本和工作量。

2）选择合适的区域拓展业务

选择合适的拓展方式和拓展区域，对于 58 到家未来的发展具有重要的意义，尽管 58 到家背后有 58 同城撑腰，但是在业务拓展方面依然马虎不得。O2O 领域是一个不适合快速扩张的行业，要想实现稳定、健康发展，做好线下服务才是关键。

依靠 58 同城积累的庞大数据资源，58 到家应该选择合适的拓展区域，我认为，58 到家在业务拓展方面，可以将目光集中在这两个区域，一是高端社区；另一则是一二线城市人口密度较高的社区群。

高端社区居民收入水平较高，而且具有较高的稳定性，对上门清洁以及美甲等服务具有较高的需求，在这一高需求的推动下，当地已经形成比较成熟规范的家政市场；对于人口密度比较高的社区群，居民流动性较大，因此对于搬家、维修、清洁等需求比较高。这两类社区为家政O2O的发展提供了良好的客观条件。

家政O2O正处在一个快速成长阶段，而58到家的加入势必会让整个家政O2O市场面临更激烈的竞争，或许在不久的将来，为了抢夺用户，家政O2O领域也会出现像打车市场一样的“烧钱大战”，然而不管家政O2O市场如何风起云涌，最终受益的依然是消费者。

第二节　家政无忧：探索家政 O2O 的另一种可能

1. 家政无忧：让家政服务变得无忧无虑

当传统家政行业哀鸿遍野的时候，“家政无忧”毅然决然地放弃了传统的发展道路，凭借其对行业的敏锐感知能力，大踏步进入了 O2O 领域。家政无忧冲破了传统家政企业在发展中遇到的瓶颈，在家政行业掀起了一场新革命，在探索新模式的过程中一路高歌猛进，一跃成为了行业的佼佼者。

2014 年 6 月，家政无忧正式成立，目标用户群体锁定在了 30－50 岁的高端用户。团队成员总共有 40 人，分别来自阿里巴巴、腾讯以及窝窝团。

广州亿棒亿“家政无忧”服务机构是广东最大的家政公司，在广东家政市场上占有较大的市场份额。而由其开发的“家政无忧”APP 的上线，颠覆了传统家政市场的经营模式，为家政市场的发展打开了一种新局面。家政无忧的服务不仅性价比高，而且它也是国内第一个提供“服务担保”的家政平台，更加安全可靠。

虽然，家政 O2O 领域还没有形成比较成熟的发展模式，但是面对持续上升的需求以及前景诱人的市场，家政无忧始终坚持自己的选择，坚守“让家政服务变得无忧无虑”的服务理念，诚信为本，服务至上。

家政无忧不仅舍弃了传统的线下发展模式，打破了传统家政行业的阻隔，在实现了从线下到线上的转型之后，还创新了线上发展模式，与全市 200 多

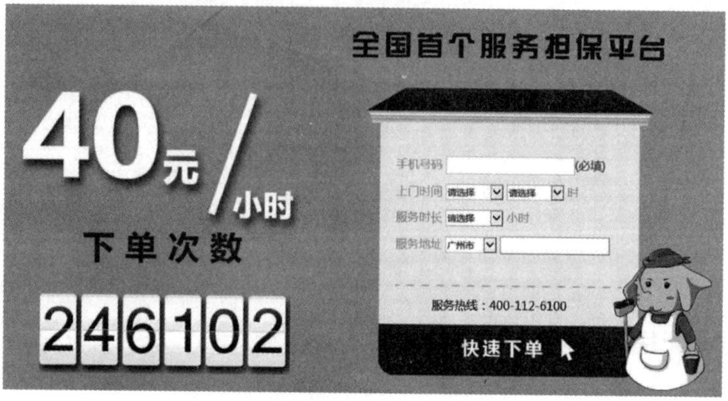

图：家政无忧平台界面

个线下家政服务站点建立了密切的合作，将家政服务站点的阿姨资源整合了起来，开创了一种全新的家政服务模式，以“四最服务”的标准在行业内占据了上风，四最服务就是“最低的价格，最高的担保，最简单的操作方式，最优质的服务质量”，通过在服务上的高品质追求，家政无忧在市场上俘获了一大批忠实的用户。

家政无忧的服务类型主要有两种：一种是专业的钟点工服务，比如日常清洁、节日大扫除等；另一种是在家庭中提供的固定人工服务，也就是与雇主建立长期雇佣关系的家政阿姨。同时，为了避免出现家政阿姨的空缺，平台还有可以随时填补空缺的后备阿姨，可以让雇主实现真正的家政无忧，提高生活品质。

雇主以及家政公司的矛盾始终是横亘在家政行业面前的一道关卡。有研究表明，27－45岁区间的居民群体对生活品质的要求正在不断提高，家政服务方面的需求也随之增长，这一部分居民也是家政行业最大的消费群体，双方对彼此的依赖性逐渐增强，因此，只有处理好两者之间的矛盾，家政服务行业才能实现可持续发展，走上一条互助共赢的道路。

雇主选择家政服务是为了改变生活，提高生活品质，因此家政无忧应该以此为起点，为雇主提供更加物美价廉、上门更加快捷以及服务更加可靠的家政服务，让雇主真切地体会到生活的变化。家政无忧打出的“我最爱的家，需要 TA”的广告，更是从情感层面入手，给雇主留下了深刻的印象。

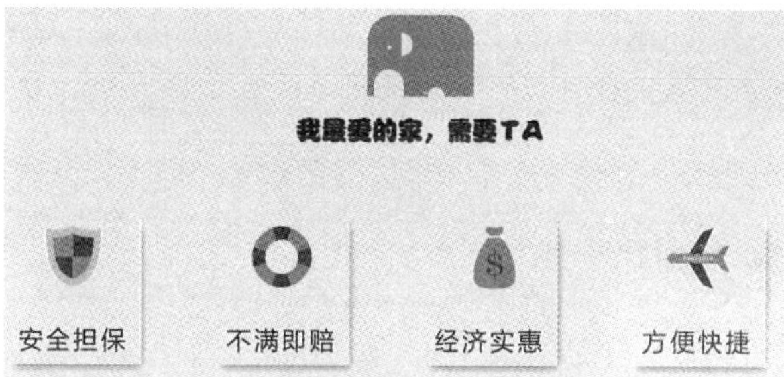

图：家政无忧的优势

雇主是家政公司的衣食父母，雇主对服务的满意度与家政公司的命运休戚相关，而阿姨不仅是提供家政服务的主体，同时也是连接雇主与家政公司的重要桥梁，因此，阿姨的服务质量和水平事关家政公司持续发展的时间。为了提高家政服务的质量，家政无忧专门为阿姨设置了专业的培训课程，同时为其配备专业的家政服务工具，注重对阿姨职业素养的培养，提高阿姨的地位，让她们可以更有尊严地工作，获得更多的成就感和报酬，激发她们的工作热情，同时增强对工作的责任感。

家政无忧通过共赢政策，建立了以诚信为基础的家政服务平台，并逐渐在家政市场领域建立起一个诚信的生态环境，为家政市场的发展开创了良好的发展环境。

家政无忧对精益求精服务精神的不懈追求，受到了广大雇主的信赖和欢迎，通过对其“让家政服务变得无忧无虑”服务理念的贯彻，家政无忧为雇主打造了一种轻松、愉悦的家政生活体验，为人们对新生活的追求打开了一扇大门。

2. 家政无忧O2O平台模式的三大优势

家政O2O平台有两种运营模式：一种是直营模式，平台自主管控阿姨，去中介化，公安介入为平台提供信任背书，提高了家政服务的可靠性；另一种是平台模式，同样也有公安为其提供信任保障，开放式接入中介，有中介对阿姨进行管理，支付的费用尚未去中介化。

但是这两种运营模式各有利弊，因此家政无忧取长补短，采用了合作性直营方式，有选择性地接入中介，既有中介管控阿姨，也有自主管理的部分。除了借助公安的力量提供信任保障之外，还有平台上邻里的信用背书。雇主在选择阿姨的时候可以参考一下附近邻居使用阿姨的具体情况。

家政无忧主要以提供保洁服务为主，平台上汇聚的阿姨已经超过了10000多人，其中有3000名左右的阿姨由平台直接掌控。平台服务范围已经扩展至3万多户家庭，月增长量在35%左右，复购率约为40%。2014年9月，家政无忧获得了数百万美金的投资完成了A轮融资。

与其他家政服务平台相比，家政无忧的优势在于：

1）建立线下服务站增强阿姨对平台的归属感。

家政无忧认为，阿姨贴心的服务才是用户满意的关键，因此家政无忧致力于为阿姨们打造一个温暖之家，相互信任，彼此爱护，让阿姨们可以在工作中倾注更多的温暖和爱。比如为阿姨编排服务之歌，并通过她们比较熟悉的广场舞的形式教给她们，建立线下服务站增强阿姨的归属感等。

通过线下服务站与雇主拉近的距离以及以往雇主对平台服务的信任和形

成的口碑，家政无忧获得了一批忠实的用户群，同时也培养起了用户的使用习惯。

2）阿姨时间的商品化、市场化。

阿姨在家政服务中的收入反映了家政无忧对阿姨劳动价值的估值，家政无忧将阿姨的时间商品化，将阿姨闲置的时间放在时间表盘上，阿姨在平台上通过市场化手段就可以将自己的空闲时间置换成部分社会生产力。

用户可以通过询问附近邻居使用阿姨的情况来选择阿姨，增强用户的自主判别性。阿姨时间的商品化可以让阿姨的价值在市场上迅速变现，同时，这种商品化也使得不同阿姨之间产生了不同的溢价。

3）家政无忧的商业模式：合作性直营。

家政无忧以直营模式为核心要素，通过大数据分析以及用户回访为参考，为用户提供合适的阿姨，并推动用户与阿姨之间长期信任关系的建立，在这种信任的基础上，将平台服务延伸至其他家庭服务领域，比如煮饭、带孩子等。

通过与中介选择性的合作，让中介接入到平台上，与运营标准统一起来，中介的运营需要遵循平台的要求，而家政无忧也希望借助中介的力量实现迅速的成长，扩大业务规模。

3. 另一种可能：探索“直营 + 加盟”新模式

随着家政 O2O 市场的日趋成熟，各个平台的经营模式已经逐渐走向清晰化，直营模式和平台模式是两种主要的模式。而直营模式又可细分为 C2C（个人与个人之间的电子商务）模式和经纪人模式。前者主要是“阿姨帮”和“e 家洁”为代表；后者则以“阿姨来了”“管家帮”为典型代表。当然也有少数平台采用了 B2C 模式，代表平台是“云家政”。

家政无忧独辟蹊径，走出了一条个性化的平台发展模式，也可以称之为直营模式中的又一种创新，以直营为核心兼做标准化加盟，家政无忧除了可以直接掌控的 3000 名阿姨之外，还通过与中介机构的合作，整合了广州地区 300 多家中介门店，并从中选择了 8 家门店作为服务站点，家政人员的数量也扩充至近万名。

平台模式虽然加快了落地的脚步，但是因为有中介机构的加盟，所以无法掌控服务质量。C2C 自营模式，去掉了中间环节，让阿姨的生产力得到了更大的释放，但是这种去中介化容易导致的结果就是，缺乏中介资源的支持，平台可掌控的阿姨数量有限，无法满足大批量的订单需求。因此，家政无忧才开始考虑是否可以将两者结合起来，充分发挥各自的优势，实现效益的最大化。

图：家政无忧 APP 界面

对于中介而言，面对各种家政服务平台的冲击，他们也亟需寻找一条新的出路，而如果家政服务平台只是想简单地摧毁中介的话，最终可能只会落得两败俱伤。而且相对于刚兴起来的家政服务平台来讲，中介机构在对阿姨的服务、培训、沟通以及线下门店的建设上都有丰富的经验，这些经验是互联网平台在短时间内难以积累的，因此选择与中介机构的合作，也是推动自己迅速成长的重要一步。

中介机构同样也需要变革，变革原本靠订单剥削阿姨的经营性质，后成为招募培训家政服务人员以及提供人文关怀的服务站，并通过收取服务费盈利。同时，中介机构也可以利用自己在地理位置上的优势，成为其他增值服务的中间分享平台，并从中获取一定的收益。

中介机构之所以愿意完成角色转变，成为家政无忧的服务站点，主要有三个方面的因素：一是家政O2O平台的出现让阿姨的服务价格逐渐走向透明化，中介机构再也不能靠剥削阿姨的方式来赚钱了；二是加盟平台可以为自己寻找一个更大的靠山，避免被直营平台“革命”；三是通过与平台合作共同对阿姨进行培训和管理，可以获得一份额外的服务费，未来也可以与平台共享增值收益。

这种创新模式的关键在于服务站与平台之间的利益分成，如果服务站不能得到比较理想的分成，就没有动力和热情做好培训和管理工作；而中介机构如果自己已经达到业务饱和，也就难以及时满足平台方的需求了。因此，关键时刻发挥作用的还是平台自己掌控的阿姨。

第 9 章

共享二手车：共享模式如何优化二手车资源配置

第一节　优信二手车：B2C 商业模式的全新尝试

1. 优信二手车：重建二手车电商模式

在新车销量持续下滑的今天，二手车市场却异军突起。2015 年上半年国内新车市场呈疲软状态，增长速度仅为 1.4%，同比下滑 7%，而国内二手车销量却达到了 461 万辆，同比增长 6%。二手车行业在互联网风潮及汽车金融快速发展的助力下正发生着颠覆性的变革，打破二手车行业痛点的二手车电商迎来了一个快速发展期。

图：优信二手车平台界面

人们对二手车的印象大多停留在品质参差不齐的旧车、到处收售二手车的黄牛等方面。在二手车交易市场，一辆崭新的汽车到底是不是事故车，是不是翻新车，一般买车的人很难鉴别。有时在车贩子的花言巧语下，甚至一些懂车的行家也会看走眼。行业整体的不透明性使得消费者对购买二手车缺乏信心，有太多的消费者因为复杂的专业知识及诚信体制缺失而放弃购买二手车。

◇重建诚信破解顾虑

2015 年 3 月，“优信二手车”正式上线。它是一种 B2C 电商运营模式，经销商在优信二手车平台上将自己的汽车实现车辆信息电子化，从而使车辆能够对接更多的消费者。截止到 2015 年 11 月，优信二手车平台中上线车源将近 100 万台，在核心城市的覆盖车源超过 90%，取得了良好的品牌传播效果。

为了改变人们对二手车的不良印象，截至到 2015 年底，优信二手车在国内多个地区建立了 100 多个专业汽车摄影棚，从而使经销商的车辆信息能以更为标准的商品形式展现在消费者面前。

为了保证消费者的合法权益，优信二手车还推出了“无重大事故承诺”，即保证车辆全部经过专业检测师的检测，没有重大事故车、火烧车及进水车；如果车辆与承诺信息不符，优信二手车会在半个月之内对消费者进行全额赔款。

图：优信二手车的“无事故承诺”界面

图：优信二手车的“付一半购车”界面

2015 年 9 月 23 日，优信集团旗下的优信金融与国内首家互联网银行微众银行合作共同推出了“付一半”的先租后买购车方案，消费者可以花费经销商报价 50% 的价格在两年之内使用汽车，而且无需支付利息。如果两年后消费者对这辆车比较满意，支付尾款后即可拥有这辆车；如果不想购买，也可以选择将汽车还给优信二手车平台，不用支付尾款。

为了确保消费者在该方案中的购车及用车安全，优信金融还与汽车延保公司宝固合作，推出了国内首个 2 年不限里程的质量保障服务，而且不设置赔付上限。

◇汽车金融助力腾飞

2015 年 7 月，优信二手车邀请王宝强、田亮、孙红雷等 11 名影视明星为优信二手车制作了二手车行业首个“广告大片”，在众多媒体渠道上进行了广泛的宣传。尤其是在第四季《中国好声音》总决赛上播出的优信二手车广告，更是引发了巨大的轰动。

2015 年中国的二手车行业开启了一个新的篇章，2015 年中国二手车市场整体交易量在 960 万辆左右，以优信二手车为代表的电商平台正在逐渐打破二手车行业的阻碍，促进了二手车的信息透明化，有效提升了供需双方之间的信任。二手车市场利好政策的出台，再加上二手车电商的推波助澜，未来中国二手车市场将爆发出巨大的能量。

2. 优信二手车的战略、雄心和杀手锏

人们对优信二手车最深刻的印象可能就是其花费3000万元，在《中国好声音》舞台上播放的由11位明星共同拍摄的60秒视频广告。业内也将此次广告作为二手车电商竞争进入白热化阶段的代表性事件。几乎在同一时间，“瓜子二手车”花费2亿元用于品牌推广，“人人车”也请来了黄渤为其代言。

但是除了令人眼花缭乱的各种营销手段之外，产品本身的质量及服务体验，则是决定消费者最终是否买单的关键所在。为此，优信二手车通过对产品及服务的创新发展，取得了一定的领先优势。

◇价格透明+服务保障

2015年3月，优信二手车正式上线，二手车零售是其主营业务。

优信集团的高管表示：优信二手车要达成的目标十分清晰，就是帮助消费者真正地了解二手车交易流程，并为消费者在购车过程中提供咨询、购买及售后等多种服务。

虽然二手车的价格在消费者选购车辆时起到重要的作用，但除了价格之外，二手车交易中的信息透明度也是影响消费者决策的关键因素。事实上，信息透明度问题比价格问题更难解决。为了打破二手车行业发展的障碍，优信二手车在保证二手车交易的信息透明度方面做出了巨大的努力。

最为典型的就是其推出的“用户保障计划”。当平台用户购买拥有“优信质保”标志的二手车时，即可享受到半个月的保障计划，如果在半个月内发现和平台提供的信息不符，即可办理全额退款，购车过程中的购车款、过户费、检测费用将一并补偿给消费者。

图：优信二手车 APP 界面

不仅对车辆的质量进行保证，优信二手车还推出延长质保服务，质保时长分为三个月、半年、一年、两年。2015 年 9 月，优信二手车与微众银行合作推出的“付一半”购车解决方案，能让消费者在支付一半价格的基础上，两年内无月供使用车辆，这也正是优信二手车在提升自身服务方面的一次有益尝试。

◇B2C 模式 + 诚信担保

优信二手车是一个 B2C 模式的二手车电商平台，同天猫一样，其采用的也是开放电商平台的模式。平台所提供的车源都不属于优信二手车，真正做到零库存，车辆全部来自于经销商。

优信二手车创始人戴琨表示，平台会将经销商放在平台上的二手车进行鉴定，充分保证车源的真实性，将平台打造成二手车界的天猫。目前，优信二手车平均每月新增 20 万辆真实在售的二手车信息，而且每辆车均配有 20 张左右的高清图片，全方位、立体化地展示出真实的车辆信息。

事实上，二手车作为典型的低频高价的商品，增加车辆信息的真实度、建立信任机制是获得消费者认可的关键所在。如果企业缺乏品牌诚信形象的建立，会让外界认为企业没有履行合约的能力。

从这个角度上来说，优信二手车花费巨资拍摄天价广告的行为也就不难理解了。一方面，起到了良好的宣传效果；另一方面，借助明星的影响力为企业品牌做信用担保。

未来，经销商将在优信二手车平台的帮助下，更快地找到车源并完成销售。而消费者在优信二手车平台上将会有更为丰富的车源选择、价格更加透明、服务也能得到保障，再辅以灵活的营销手段扩大品牌影响力，届时，优信二手车将形成诚信增值、用户导流、售后服务的价值链闭环生态。如今，优信二手车正朝着这一目标不断迈进。

3. 魔性广告背后的两大品牌营销理念

营销方式日益多元化及差异化的时代背景下，如果企业的营销缺乏清晰明确的指导性营销理念，很有可能会陷入盲目从众、无法发挥出营销效果的尴尬局面。而优信二手车一开始就树立了明确的品牌营销理念。优信二手车在结合行业特征及企业发展战略的基础上，确定了品牌推广目标，对如何解决行业痛点问题给出了有效的解决方案。

正在崛起的二手车市场，吸引了多方资本巨头的不断涌入，二手车电商之间的竞争变得日益激烈，易车网、车易拍、人人车、赶集好车、淘宝二手车等竞争对手给优信二手车带来了巨大的压力。在这种背景下，优信二手车为了取得领先优势，为自己树立了两大品牌营销理念。

◇品牌营销理念 1：知名度

优信二手车作为一个成立不到一年时间的年轻品牌，只有尽快提升自己的知名度才能迅速打开市场，并获得消费者的认可。

2014 年，同为优信集团旗下的优信拍在二手车 B2B 市场拥有了 47.8% 的市场份额，并在市场中获得了较高的品牌影响力，但是优信二手车面对的主要是 C 端的消费者，而不是 B 端的商家。因此，提升企业的品牌影响力，扩大企业知名度，成为了优信二手车的一个核心营销理念。

◇品牌营销理念 2： 诚信

一直以来，国内二手车行业较为混乱，一些有二手车购买需求的消费者，因为缺乏专业的知识只能放弃购买二手车。虽然最近几年随着国家政策的出台及互联网的崛起，使得二手车市场有所改观，二手车经销商的服务水平也逐步提升，但是消费者对二手车市场的认知仍停留在几年以前，在二手车行业中没有形成具有强大影响力的品牌。

因此，优信二手车将树立诚信品牌形象、提升消费者在二手车交易过程中的知情权、让消费者更加方便快捷地购买并使用二手车，作为实现企业跨越式发展的关键所在。在消费者对二手车市场仍存在质疑，市场缺少强大的品牌时，优信二手车抓住机遇，通过各种营销手段夺得了大量的市场份额，为自己确定了领先优势。

◇优信二手车的品牌营销策略

为了提升品牌知名度、扩大品牌影响力，优信二手车运用了以下几种营销手段：

1）精准的营销定位。

国外市场中，年轻人对二手车的认可度处于较高的水平。而国内市场中，有二手车需求的线上消费者主要集中在 80 后、90 后这一群体。优信二手车要打造成二手车市场的领先品牌，必然要将市场定位于 80 后及 90 后这一年轻的群体。

移动互联网时代，逐渐崛起的 80 后及 90 后成为电商消费的主体。消费环境的巨大变革，需要企业在销售模式上进行创新发展，形成差异化竞争。优信二手车的品牌营销定位于拥有4亿多人口的80后、90后消费群体，并尝试融入到这一年轻群体的生活中，使品牌与消费者之间建立强有力的连接。

2）坚持传播“诚信”理念的一致性。

优信二手车花费巨资制作的“广告大片”取得了显著的效果。在广告中，每位明星都选择了满足自己需求的二手车，向消费者传达了优信二手车所能提供的多元化及差异化服务。以“不管买什么，买辆放心的”作为广告的结语，展示了优信二手车注重诚信的品牌形象。

3）营销渠道选择有亮点、有事件，获得最大化的传播效果。

要想打造出能满足大众需求的品牌，营销方式上必然要迎合潮流、紧扣热点话题。国内十分火热的综艺节目《奔跑吧兄弟》的受众与优信二手车存在较大的重合，为此，优信二手车不惜拿出1.8亿元独家冠名《奔跑吧兄弟》（第三季）。

优信二手车通过各种营销手段，使其品牌在电视端、PC端、移动端、公交站、地铁站等多种拥有庞大潜在用户的载体中广泛传播，从而使平台与消费者的生活紧密连接在一起，不断强化与消费者的连接。

第二节　好车无忧：C2C 模式的“掘金者”

1. 好车无忧的 C2C 运营模式

二手车 C2C 交易模式起源于 2014 年成立的美国二手车网站 Beepi，国内同为 C2C 模式的“人人车”与“好车无忧”也均在 2014 年 7 月正式上线。

2014 年 12 月 2 日，赶集网宣布进军 C2C 二手车市场，并投入 1 亿美元用于加快“赶集好车”（2015 年 9 月更名为瓜子二手车直卖网）的发展。2015 年 8 月，人人车宣布完成 C 轮融资，融资规模达到 8500 万美元，投资方包括腾讯、顺为资本等。2015 年 11 月，好车无忧宣布完成 B 轮融资，融资规模为 500 万美元，投资方包括源码资本、凤凰祥瑞等。资本巨头的加入，使二手车 C2C 交易市场掀起了一场激烈的竞争。

◇好车无忧的 C2C 运营模式

好车无忧的汽车销售流程可以简单地概括为上门质检、无店铺交易、售后质保。具体主要包括以下 4 个步骤：

第一步：个人车主在平台上提出车辆交易需求，接着平台会安排专业的评估人员上门检车，并给出数据化的检验结果及建议售价。

第二步：质量检测、车况信息记录、估价完成之后，将直接在好车无忧平台上挂牌出售。车辆的估价主要是根据二手车历史交易数据，其中包括网上可以获得的其他平台的交易数据及自身平台的交易数据。数据系统给出合理的价格区间后，再由评估师根据车辆检测结果给出一个明确的建议价格。

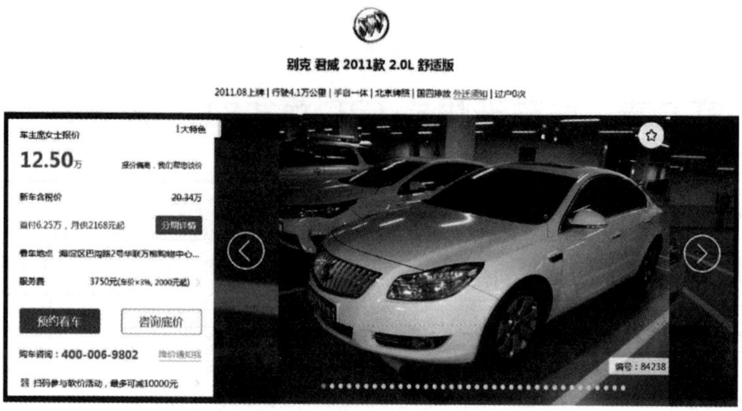

图：好车无忧平台车源示例

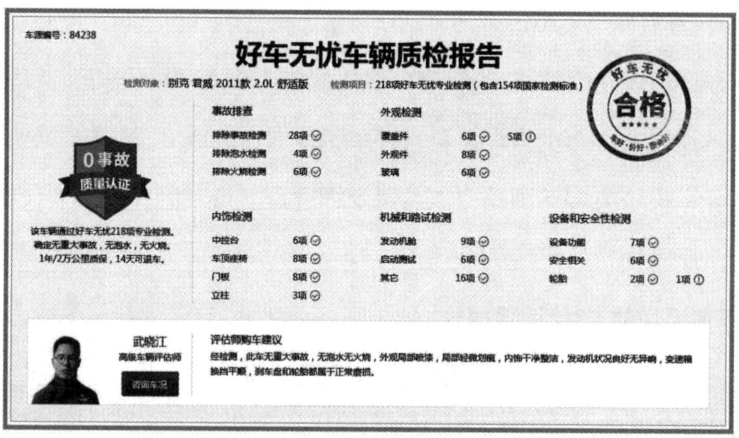

图：好车无忧车辆质检报告示例

第三步：有二手车需求的消费者在平台上找到自己满意的汽车后，可以通过平台与车主取得联系，约定日期进行线下验车，并且由好车无忧的评估师进行全程指导。车主与买家之间完全可以自由议价，自主完成交易。当前，好车无忧平台上的汽车平均成交价格约为 8 万元。好车无忧平台对汽车有着严格的监管。事故车、3个月内发生交易的车辆、非个人车辆等都不允许进入平台。平台上汽车的款型十分丰富，各种价位、档次的汽车都可以在平台上出售。此外，平台会将交易信息实时发送给将汽车在平台上挂牌出售的车主，比如买家电话咨询、预约看车等。

第四步：好车无忧以交易担保、售后质保等实现二手车C2C交易的服务闭环。在车辆过户尚未完成以前，好车无忧平台将作为资金的托管方保证交易的顺利完成。好车无忧对车主提供“21天包卖”服务，签订协议后，如果21天之内没有买家购买，平台将回收车辆，回收价格相比市场价格有所降低。买家在平台上购买汽车后，14天之内无理由退车，而且还能享受1年质保及两万公里质保。好车无忧注重于诚信体系的建设，最大程度上地消除交易双方的不信任感。

相对于传统二手车交易中间商收取20%的费用来说，好车无忧平台仅向买家收取3%的服务费。平台没有线下实体店面、减少了交易的中间环节，从而让交易双方获取更多的利益。

二手车C2C交易模式的关键就是要给出客观公正的验车数据与估价，并提供交易担保。目前国内复杂的二手车交易流程，已经成为严重制约二手车市场进一步发展的巨大阻碍。一辆汽车可能要经过四五个中间商才能到达买家手中。而C2C模式的出现有效减少了交易环节，买家与卖家可以直接进行交流，有效降低了交易成本。担保交易则更利于构筑良性的二手车生态，对“一锤子买卖”的传统二手车交易模式发起了挑战。

◇好车无忧创始人彭程

好车无忧创始人彭程曾在多家互联网公司任职。国内的百度、赶集，国外的微软、谷歌，都留下了彭程奋斗过的足迹。另外一位创始人朱勇，曾任职于艾默生电动汽车事业部中国区总经理，其对汽车市场有着深入的了解。

彭程对于“好车无忧是Beepi学徒”的观点并不认可。他表示，中国市场和美国市场相比存在着巨大的差异，美国的二手车市场十分成熟，二手车在美国市场的认可度处于较高的水平。国内的二手车市场却比较混乱，人们对二手车的认可度普遍不高。想要将Beepi那种直接在线上网购二手车的模式搬进中国市场，在现阶段几乎不可能实现，而且其向车主收取9%的卖车分成在国内市场中也存在较大困难。

彭程认为，二手车价值链中创造价值最高的部分便是C端车主及C端买家，如果能抓住这两个群体，通过优质的服务建立强大的品牌，企业必将夺得二手车行业的战略制高点。

2. “互联网+汽车”时代的突围之路

随着“互联网+”战略的不断推进，引发了传统二手车市场的深刻变革，随着众多资本巨头及创业者的不断涌入，二手车电商进入了快速发展阶段。在这个领域中，既有以优信拍、车易拍为代表的B2B模式的二手车交易平台，也有从传统汽车媒体转型而来的汽车之家、易车网等综合交易平台，更有好车无忧、人人车等C2C模式的二手车交易平台。

从目前的发展现状来看，去中介化实现供需双方无缝对接的C2C交易模式正成为二手车交易市场的新宠。在各路玩家的激烈竞争中，作为二手车C2C交易模式典型代表的好车无忧又将如何实现跨越式发展呢？

◇C2C模式升级：买卖双方一碗水端平

二手车C2C交易模式主要包括两个方面的优势：其一，它打破了供需双方之间信息不对等的局面，使车辆信息更加透明化；其二，去中介化，它消除了在传统二手车交易模式中收取过多利润的中间商，从而让供需双方获取更多的收益。

但这种 C2C 模式也存在着一定的问题，不难发现其服务的侧重点更加倾向于车主。买家只能在网站上查看平台上已有的车辆，对平台而言，如何服务那些没找到自己满意的汽车的消费者也是一个难题。为此，好车无忧对 C2C 模式进行了转型升级，实现买卖双方一碗水端平。

2015 年 5 月，好车无忧开始对二手车买主提供帮买及帮检服务。其中，帮买服务允许消费者在平台上发布自己的购车需求，然后由平台上的买手帮助卖家寻找车源。帮买服务的车源不会局限于 C 端，如果消费者对于车源没有限制，平台也会通过经销商帮助买家寻找汽车，但这种非 C 端车源不会直接放在好车无忧平台上挂牌出售。

在彭程看来，为买方提供帮买服务是一个主流的发展趋势，平台最开始是帮车主寻找买家，而那些没有达成交易的用户将通过帮买服务来对其进行后续服务，有效地减少了用户流失。帮检服务的需求十分普遍，只要存在车辆交易，就必然会存在帮检服务需求。帮买服务取得的效果远远超出了平台的预期，一名销售人员在好车无忧帮买服务上线的第一个月里就促成了将近 30 辆汽车的交易。

传统的二手车交易过程是一种零和博弈，一方得利越多，也就意味着另一方必然要承受更多的损失。好车无忧通过对 C2C 模式的升级，将传统二手车交易过程中经销商所获得的利润，让利给车主及买家。这无疑为供需双方创造了更多的价值，使双方在交易中实现共赢。

◇极致的服务体验远胜于砸钱

二手车市场中的企业需要经过长时间的精耕细作，逐渐扩大品牌影响力，并获取消费者的认可。拼命烧钱的企业，在这个低频购买的二手车市场无法获得长足的发展。消费者买一辆车后，通常在两三年后才会考虑换车，再次买车时将更加注重平台服务体验。

因此，好车无忧的策略是不和对手在推广策略上一较长短，转而将最重要的精力用在了用户体验上面。

验车环节是二手交易的基础，因此评估师人才是体现企业核心竞争力的关键所在。好车无忧的评估师没有选择其他平台采用的外聘形式，其评估师人才全部是好车无忧自己的员工，其中一部分是从事专业汽车修理领域的技术人才，另一部分则是经过平台严格的培训体系培养出来的评估人才。从相关机构发布的数据中可以看出，从好车无忧平台中购车的消费者报修率低于业内的平均水平。

为了更好地服务平台用户，好车无忧还建立了线下体验店。在线下体验店中，车主及消费者能十分清晰地了解到二手车交易的各个环节，还能帮助交易双方办理过户手续。客户亲自体验服务后，对好车无忧的信任感会明显提升。

好车无忧在二手车后市场领域也有所布局，其通过与第三方服务商展开合作，能为消费者提供更为优质的售后服务。比如：好车无忧与“车蚂蚁”合作，为购车用户提供车辆维修、保养服务；还与阳光保险合作，为购车用户提供车辆保险服务等等。

第 10 章

威客经济：创意服务领域的共享经济模式

第一节　威客模式：智慧与创意蕴含的商业价值

1. 威客的诞生、发展及定义

随着互联网的发展，例如搜索引擎、电子商务、博客、维基百科、长尾理论等与知识管理相关的各种创新型概念层出不穷，表明了人们对这一领域的重视，“威客”就在这样的背景下产生了。

威客是指那些通过互联网把自己的智慧、知识、能力、经验转换成实际收益的人，他们通过在互联网上为用户解决科学、技术、工作、生活、学习中的问题获得报酬，利用自己的知识、智慧、经验、技能实现变现，这种模式就叫作威客模式，是利用互联网进行知识管理的一种网络创新模式。

在威客模式下，用户通过威客网站发布任务并明码标价，威客通过竞标、中标解决发布的问题，获得报酬，网站从中提取一部分佣金。该模式的出现，意味着互联网进入了知识价值化的时代，知识的免费共享时代成为历史。

◇威客模式在中国

☆2005 年，威客网建立，其试图将中国科学院的专家资源、科技成果与企业的科技难题对接起来，成为了中国第一家威客网站，威客的概念也随之提出，吸引了相关媒体的关注。

☆2006 年，中央电视台对威客网进行了报道，威客概念得到迅速普及，百度、新浪、雅虎等数百家网站纷纷涉足威客领域。

☆2011 年，威客行业已经成为成熟独立的产业，拥有了 4 种模式的平台网站：一品威客网、任务中国、时间财富网等创意产品威客模式网站，卓创威客网、西游记威客网等劳务服务威客模式平台，威客管家类的定向威客服务模式网站，以及八客网、云创意威客网等综合性威客服务模式平台。

未来，威客行业还会有更好的发展，但是目前，它还是一个新兴的产业，还存在许多行业短板需要补齐，比如知识产权、用户作弊、知识分类等问题。

◇威客模式的诞生

追根溯源，威客网站同其他类型的网站一样，都是从早期的 BBS 网络论坛发展而来。20 世纪 80 年代，互联网刚刚进入中国，当时搜索引擎和个人网站都还没有出现，用户无论是发布新闻，发布交易信息，还是发布个人感想，互动式问答，都只有 BBS 一个选择，后来，这 4 项功能经过细致的整合，逐渐演化分离成新闻类、电子商务类、博客类和威客类网站。

图：百度知道界面

互动式问答功能从 BBS 论坛逐渐分离，形成了威客网站的雏形，这一类型的网站主要有 Google Answer、雅虎的知识堂、新浪爱问、时间财富网、百度知道等。

◇**威客模式的定义与模型**

威客模式指用户借助互联网平台依靠自己拥有的智慧、知识、能力以及经验获取收益的互联网新型商业模式，主要应用于科学、技术、工作、生活、学习等领域。完整的威客模式包括提问与悬赏系统、个人威客地图、企业威客地图与智力产品交易平台四部分内容。

图：威客模式的模型

2. 威客模式实现路径及发展路线

◇**威客模式的实现路径**

1）具体来说，威客商业模式分为悬赏式、知识出售式和威客地图三种方式：

☆悬赏式

有问题需要解决的用户在威客网站发布任务，同时设置工作报酬金额，

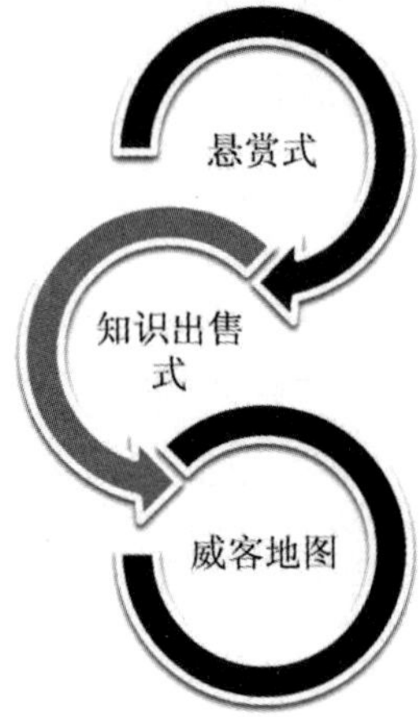

图：威客模式的 3 种实现路径

发出悬赏招募威客来解决问题，感兴趣的威客报名竞争，通过对个人技能、知识储备等资质的比较，优胜者中标，完成任务后得到赏金。

这种模式偏重于迎合提问者的需求，也是目前主流的威客模式，Google Answer、百度知道、K68、任务中国等威客网站都是采用的这种形式。

☆知识出售式

与悬赏式相对应的就是知识出售式，这种模式下，威客将自己的个人技能、知识类型、经验智慧等形成智力作品放在威客平台出售，有需要的用户就可以购买，有点像贩卖普通商品的电子商务，泛世纪，搜库网等就是这种类型的威客网站。

☆威客地图

威客地图是比前两种形式更先进的威客模式，是聚合了威客的地理位置、专业特长或兴趣、联系方式和威客空间，而在互联网上形成的一张地图，简单地说，就是威客的搜索引擎。当用户想要寻找威客帮自己解决问题，他只需要向这个系统咨询就可以了。

随着威客行业的发展，威客网站最终将融合悬赏式、知识出售式和威客地图这三种方式。

◇威客模式的发展路线

威客平台的前身是博客类的个人网站，一开始，博主们在自己的个人网站上免费分享各种信息与知识，经过了一段时间的发展以后，博主们开始希望能从自己的分享中得到收益，于是将自己的智力作品放在网站上售卖，这时，博客网站也就进化成了威客平台，这样的威客平台就是知识出售式威客网站，类似于淘宝这样的电商平台，区别只在于威客网站售卖的商品局限于威客的智力作品。

由于商品是完成的智力作品，而消费者的需求多种多样，变化万千，有购买需求的用户不一定每次都能找到自己需要的作品，这种情况频繁出现之后，他们就在网站上提出自己的任务，开出明确的价码悬赏，于是知识出售式威客网站实现了对悬赏式的融合，网站变得更加成熟。

随着悬赏式网站的发展，平台上积累的问题和答案越来越多，逐渐形成一个大型的知识库，当网站上再一次出现类似的问题，威客就可以把从前的答案再卖一次。这时，网站为威客开通预先上传功能，让威客可以事先上传自己的智力作品，这样，网站就完成了对知识地图的融合，威客网站更加完整。

从以上的发展路径不难发现，威客地图是威客网站发展的必然产物，在威客网站的三种实现方式之中，威客地图所占的比重将越来越大，最终将成为威客模式最常用的形式。

互联网的产生和发展，是为了更好地实现信息与知识的传播，而这些内容归根到底都来自于人们的智慧和经验，现在，人们希望通过自己的知识分享来帮助他人解决问题的同时，自己也获得一定的回报，因而出现了威客。威客的产生，就是为了实现智慧的价值化，通过这种方式让人们更愿意分享自己的经验、智慧和知识，这也符合互联网的价值导向。

当然，不是所有的知识都可以变现，所以不是所有的人都可以成为威客，想要得到威客的身份，必须满足一些基本的要求：威客只有通过威客网站才能实现智慧价值化，所以威客必须具备基础的互联网知识，能够在威客平台进行熟练的操作。

同时，威客必须具有某一领域的专业知识和丰富的经验以及极高的智慧，这些内容必须是大部分人都没有掌握的，或者说“人无我有，人有我优”，所以别人才会愿意从你这里购买。如果你很难在威客平台获取能胜任的任务，那就说明知识储备还不够，需要继续学习和积累，只有在威客平台取得了报酬，才能算是拥有了威客的身份。

3. 共享经济时代威客产生的意义

◇解决搜索引擎无法解决的问题

互联网实现了知识的联网，而所有的知识都来源于个人智慧，也就是说互联网本质上是个人智慧的联网，是人类大脑的联网。经过多年的经营，搜索引擎积累了大量的问题与解决方案，可以链接到大量的知识，但是，搜索引擎只能根据问题寻找已经有过的答案，一旦用户的问题没有现成的答案，搜索引擎就没有办法了。

只有人类的大脑才有能力创造性地解决问题，解决没有现成答案的问题，所以那些搜索引擎不能解决的问题，通过威客模式都可以完成。而且，如果没有足够的激励，人们对知识分享的热情也就有限，威客网通过直接的货币激励，可以激发用户展示出更多、更有价值的知识，同时让互联网的知识积累更加丰富。

◇体现一种灵活的就业方式

在威客模式下，知识可以体现为具体的货币价值，威客可以通过出卖自己的智慧获取报酬，这也是一种就业方式，并且由于是在线的方式，威客做任务不受地域、时间、工作方式的限制，非常灵活。

威客平台为全世界的威客提供了公平灵活的就业机会，同时也为全世界的企业和用户提供了低成本、高质量的服务交易机会。

◇丰富互联网服务的类型

新闻网站、电商网站以及博客网站等都是互联网的重要组成部分，在各自的领域为互联网用户提供各种类型的服务，满足用户的各类需求，威客网站也是其中的一员，通过互动问答式的服务为用户解决各种知识类的问题。

同时，威客模式还需要与其他类型的网站合作，比如在宣传方面，就需要借助新闻网站的力量；在建立知识库的模块方面，需要借助博客网站的技术；在交易环节，需要与电商网站紧密合作，才能完成交易、支付与物流。

由于威客模式的交易对象都是威客的智力成果，而且交易方式都是线上交易，商品直接在线上传输，加上威客模式的运营只需要一个网站和支付系统，所以虽然都是以商品交易为主，威客模式的运营成本却大大低于电商模式。

◇提高用户使用互联网的积极性

通过威客网站，用户利用自己的知识、技能、经验就可以获取相应的货币报酬，这就大大激发了用户参与互联网答题的积极性，他们会以更高的热情提供更有价值的智慧作品，或者主动分享自己的作品，以吸引他人付费查阅。

◇**促进互联网知识产权的保护**

近些年，随着文化事业的发展，人们对知识产权的认识越来越明确，而互联网的信息分享难以避免地造成了很多有关知识产权的纠纷。无论在新闻类网站、电子商务类网站还是 BBS 网站，用户都无法对自己发布的信息进行管理，比如花费了很多精力在某个新闻网站发布了一篇文章，很快就会出现在其他的网站上面，而且上面没有自己的署名。

在这一方面，博客类的网站会比新闻类网站做得好一些，用户会对自己的作品有一定的控制权，无论扩散到多大的范围，文章最早出自于哪个用户的博客都有明确的记录。不过，在博客类网站中用户发布的内容都是对所有的用户免费开放的，其他类型的网站仍然可以将其复制过去。

威客模式由悬赏系统、博客系统、自助定价系统和交易系统共同构成，用户发布的智慧作品可以明码标价，无论是同一网站的用户还是外部网站的用户都需要付费才能查看具体的内容，其他网站想要转载也只能转载到标题，用户要查看内容还是需要链接到威客网站付费，所以威客模式真正实现了对互联网知识产权的保护，用户发布的智慧作品只要被浏览一次，作者就会得到一次收益。如果有用户或网站抄袭了该作品在别处发布，这就构成了明确的盗窃行为，作者可以追究其相应的法律责任。

◇**促进网络实名制的实施**

由于威客模式包含了智力成果的买卖，这就涉及到商品品质的监管以及支付安全的范畴，所以威客类网站必须实施实名制，用户想要在威客平台售卖作品或者购买服务，就必须提供真实的身份信息，这也是互联网商业的必然要求。

4. 威客模式需要克服的 5 个问题

像其他的新兴行业一样，威客模式在它的发展初期也必然会出现各种各样的问题，能否克服这些问题，也在很大程度上决定了威客模式未来的发展。

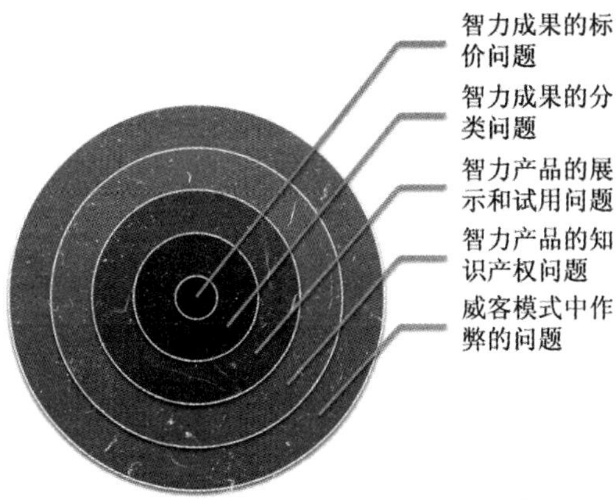

图：威客模式需要克服的 5 个问题

◇智力成果的标价问题

由于互联网长期以来提供的信息分享以及问题解答都是免费的，所以用户已经形成了根深蒂固的免费观念，认为在互联网得到的任何信息都应该是免费的。因此，虽然用户提出的问题源源不断，但是很少有人愿意为答案付费，绝大多数的用户都希望互联网能按照从前的信息免费分享的方式运转。

◇智力成果的分类问题

人类社会涉及的知识范围非常广泛，所以威客平台上的智力成果所归属的领域也极其复杂，如果想要保证用户在查找时能够明确地定位到想要的内容，那么就得将这些成果进行详细的分类，这个工作非常繁琐，并且，过于细致的分类还会影响到用户的使用体验。

◇智力产品的展示和试用问题

智力产品都是内容产品，对于卖家来说，如果被买家观看过一次，就基本失去了它的价值，所以这种特殊的产品形态决定了智力产品无法像其他品类那样支持免费试用，买家必须先购买才能使用。但是对于买家来说，在完全没有看到产品的情况下先行支付，如果产品质量不好怎么办，支付以后也难以维权。

◇智力产品的知识产权问题

第一次交易之前，智力产品的产权归属于创作者，这一点毋庸置疑，但是智力产品可以交易很多次，那么交易之后的产权归谁，这个问题目前还没有明确的规定。

◇威客模式中作弊的问题

对于智力作品来说，作弊是一个难以解决的问题，也是威客模式发展的最大障碍。由于智力作品的作弊标准难以界定，经常发生并且屡禁不止，没有特别有效的解决方案，所以有心实践威客模式的网站也在交易阶段裹足不前。

作弊的手段层出不穷，防不胜防，具体在威客模式下主要有两种表现，一种是提问者得到别人的答案之后却不购买，自己伪造一个答案通过另外的账号提交，然后购买这个答案，将钱从左手流到右手；另一种也是提问者自问自答，提出一个吸引人的问题，随便编造一个答案，骗取关注这个问题的其他用户付费查看。

第二节　猪八戒网：100 亿元估值背后的“共享经济学”

1. 猪八戒威客网的发展历程

随着电子商务的发展，网上交易平台也不再局限于实物类商品交易，服务类商品占的比重也越来越多，电子商务市场也出现了越来越多的专注于第三产业的电子商务交易平台，其中最具代表性的当属“猪八戒网”。

猪八戒网创办于 2006 年，是目前国内最大、最安全、最可靠的服务类电子商务交易平台。截至 2015 年 6 月，猪八戒网的注册会员就已经超过 1300 万，其中威客数量达到了 1100 万，服务交易品类涵盖创意设计、网站建设、网络营销、软件开发、文案策划、生活服务等多种行业。

目前网站日均交易量在 5000 - 10000 笔，日均交易额达 800 万左右，年均复合增长率超过 200%。近两年来，网站员工数量从 200 人激增至 600 余人。平台累计交易量已达 54 亿元。

猪八戒网是一家全球性的在线外包平台，来自世界各地、各行各业的客户都可以在这个平台发布任务，然后可以在众多的应征者中选择适合的人才为你服务，足不出户就可以解决很多问题。

比如新公司或者新产品的命名、商标的设计、店铺的推广、装修等等任务都可以交给“猪八戒”来完成，客户只需要发布任务，定好价钱，就可以坐等专业的威客帮你设计最精妙的营销陷阱，最大力度地传递品牌、产品信

图：猪八戒网的部分服务项目

息，大幅度帮助客户提高业绩。

◇威客猪八戒网的发展

2005 年 12 月，猪八戒网以论坛形式开始测试运营。

2006 年 9 月，猪八戒网开始商业化运营，经 CCTV《新闻联播》报道，成为中国 work2.0 代表性网站。

2007 年 1 月，猪八戒网完成第一轮战略性融资，获得博恩科技集团投资，9 月，入选中国最佳商业模式一百强。

2008 年 11 月，猪八戒网获得“中国商业网站百强”和“2008 年度最具投资价值网站”称号，入选《互联网周刊》2008 中国商业网站 500 强。

2010 年 6 月，猪八戒网的总交易额突破一亿，成为国内首家突破亿元大关的威客网站。

2011 年 2 月，猪八戒网开始承担国家科技部创新基金项目；4 月，猪八戒网获 IDG 风投投资；7 月，猪八戒网英文版 Witmart 正式在美国上线；11

月，猪八戒网荣获 2011 年度“十佳商业模式”称号；12 月，猪八戒网注册会员超过 600 万，交易额突破 7 亿元人民币。

2012 年 1 月，猪八戒获得第三方支付牌照；7 月，猪八戒网交易额突破 10 亿人民币，荣膺 2012 中国企业“21 未来之星”称号。

2013 年 8 月，猪八戒网交易额突破 25 亿元人民币，猪八戒网用户总数突破 900 万。

2014 年 4 月，猪八戒网大客户频道上线，为政府、企业提供长期创意的品牌营销推广服务……

猪八戒网拥有活跃服务商超过 500 万，服务对象覆盖中国、美国、英国和日本等 25 个国家和地区，交易规模占到国内同行业的一半以上，稳稳占据行业头把交椅。

◇一种新的就业方式

随着业务的增长，猪八戒网已经出现了越来越多的职业威客，他们在自己家里上班，并且收入水平不低，威客，正成为一个全新的社会职业，成为自由职业的一员。职业威客们大都出身草根，他们没有显赫的名声，也没有充足的资本，甚至没有丰富的经验，但是威客网站的存在，为他们提供了新的就业舞台，只要拥有足够的智慧资本，威客们就可以打破传统的就业模式，依靠智慧实现自己的价值。

对于服务对象，尤其是众多没有资金优势和资源优势的中小企业来说，威客网站的出现也为他们打开了创意之门，同时大幅度降低了经营成本。

比如，广告公司聘用一个专业的设计师，一年至少要花费几万人工成本，有了威客网站，这笔支出就得到了有效的缩减，广告公司将设计任务发布在威客网站上，由威客竞标完成，不仅质量更高，而且成本比公司聘用设计师低得多。随着威客网站的发展，这种情况将更加普遍，广告公司、设计公司等依靠创意立足的企业将面临严峻的挑战。

2. 猪八戒威客网的商业模式

◇战略目标

猪八戒网为威客们提供了一个公平、公正、公开的就业平台，在这里，只要有充足的智慧资本，威客就可以展示自己的才华，拿到合理的佣金，同时为企业提供一个更具竞争力的用工平台，在这里，企业可以花费更小的代价得到更好的问题解决服务。

◇交易模式

对于电子商务来说，诚信交易是企业立足的根本，威客行业也是如此。虽然是新兴行业，很多操作还处于摸索之中，但是猪八戒网自运营之初就明文标榜了诚信交易，客户在猪八戒发布任务的同时，必须全额预付款以作为诚信的保障，然后威客们参与竞标，优胜者获得大部分款项。

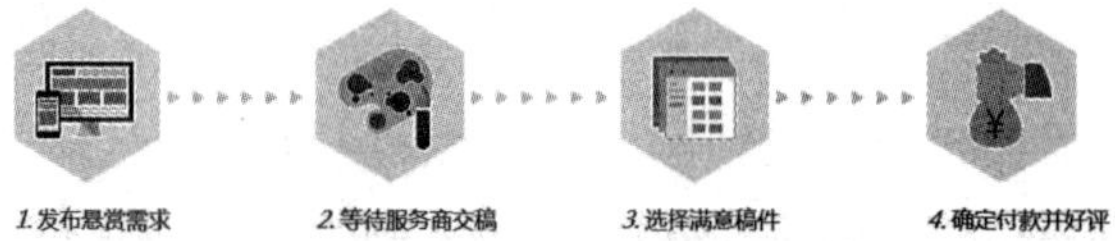

图：猪八戒网的悬赏流程

猪八戒网目前有悬赏、招标和速配三种交易模式，交易内容为虚拟的线上智力成果，运营成本大大低于进行实物交易的电商网站。

◇收入和利润来源

猪八戒网的盈利最主要来源于任务交易的佣金提成，另外还有一部分广告收入和其他增值业务收入。

1）酬金的归属。

客户在猪八戒发布任务的同时，就将酬金全额支付到了网站服务帐户上，威客完成任务之后，网站会把 80% 的酬劳支付给威客，20% 作为威客网提供交易平台的服务费，再把其中的 4% 分发给入围者和为中标作品投票的网友，剩下的 16% 就是猪八戒网的收益。

另外，从客户将酬金支付给网站，到网站给威客支付酬劳，其中有一段时间，这段时间里酬金生成的利息累计起来也是一笔收入。

图：猪八戒需求市场界面

2）广告收入。

广告是很多网站的主要盈利模式，猪八戒网也会承接一些企业的广告推广业务，而且广告形式多种多样，从 Banner、LOGO 广告，到 Flash 多媒体动画、在线影视等多种形式无所不包。

由于猪八戒网是专业的威客网站，业务水平有口皆碑，而且经过媒体的多次报导，还组织过很多慈善、文化活动，所以无论在业内还是在社会上，猪八戒网都有一定的知名度以及比较大的影响力，很多企业都愿意在这个平台投放广告。

3）其他收入。

猪八戒网拥有自己的支付系统，可以承担第三方支付业务获取利润，并且，猪八戒网还经营包括通讯在内的其他增值业务。猪八戒网并不只是单纯地等待客户寻找自己，他们也会主动寻找潜在的客户，招揽更多的任务，然后在平台发布任务，由威客竞标。另外，猪八戒网还提供其他相关的服务，比如礼品定制等。

3. 猪八戒威客网的四大优势

◇抗风险能力强，盈利模式清晰

相比于制造产业，服务业显然抗风险能力更强，因为它没有库存，也不需要物流，因而投入成本也低。威客行业提供的是无形的服务产品，所以猪八戒网早期投入成本比制造业企业低得多，并且只要接单就有收入，盈利模式比较清晰。

而且，由于制造业的风险承受能力低，传统企业越来越不愿意大量招工，他们更愿意选择威客外包服务，这也为猪八戒网带来了更多的交易。

◇效率高，交易安全

威客网站是一个为客户与威客提供沟通交流的交易平台，为了更好地实现这个功能，猪八戒网根据威客们表现出来的能力水平建立了一套评价体系，让企业在选择服务商时更具有针对性，效率也更高。

此外，为了更好地保障交易安全，避免虚假交易以及欺诈行为，保证消费者的合法权益不受侵犯，猪八戒网推出了“原创保证”“免费修改”“保证

图：“八戒知识产权”提供的服务

完成”等保障体系，如果任务发布者遇到了侵权行为，猪八戒网将效仿淘宝类的电商网站对消费者进行先行赔付，保证消费者在购买服务时买得放心，买得安心。

◇操作灵活，需求量大

猪八戒网为威客们提供了一种灵活的创新型就业方式，威客们不用计较地域、时间和工作方式，也不用在意学历、人脉以及背景，只要拥有足够的智力资本，威客们就可以在公平、公正、公开的条件下随时随地进行工作。

目前，每天有来自于各行各业的 20 余万家的企业和个人在猪八戒网发布任务，寻求各种问题的解决方案，500 多万的威客在线提供各种智力成果，2000 多笔订单在猪八戒网完成，150 万元人民币在这里流通。

◇简单而有效的营销模式

猪八戒网的创始人出身于职业记者，因而猪八戒网从创始之初就十分重视网络推广，尤其是传统媒体经营。猪八戒网还招募了大量的媒体人作为团队骨干，而这些媒体背景在品牌诚信度的媒体运营中起到了重要的助推作用。

传统媒体的营销取得了很好的效果，为猪八戒网吸引了大量的客户，而这些客户在交易完成之后，出于对网站用户体验的满意，这些客户又为网站带来了良好的口碑，进而这些好的口碑能够为网站带来更多的客户，甚至为猪八戒网贡献了超过一半的任务订单。

在猪八戒网早期的网络推广过程中，大量的推广活动都是通过相关的聊天群进行的，这种简单的营销方式如同猪八戒网的盈利模式一样，虽然简单，但是确实有效，尤其符合当时国内对威客概念接受程度较低的市场背景。

4. 猪八戒威客网的三点不足

虽然威客已经成为了一门新兴的行业，并且猪八戒网已经成为了业内翘楚，取得了不俗的成绩，但是所有的新兴行业都免不了存在许多不成熟的地方，猪八戒网也面临着不少问题，而且这些问题能否解决关系着猪八戒威客网将来的发展。

首先，在猪八戒网，每个任务的发布都可能吸引成百上千的人前来竞标，这一点本身就是对人力的绝对浪费，另外，面对众多的竞标者，任务发布者也很难保证选择的水准，选择太多反而容易挑花了眼，最后选中的人不一定就是最适合的人，因而这种模式不是长久之计。

针对这个问题，猪八戒可以对不同等级的任务限定相应的竞标标准，规定每种任务的参与人数，如果客户对得到的解决方案不满意，就重新进行一轮竞标，直到得出客户满意的结果。

其次，与实体市场相比，企业可以花费更小的代价在威客平台得到更好的服务，这是威客网站的优势，但是威客网站难以保证所有注册威客的技术水平，有的时候网站提供的服务并不能满足客户的要求，所以威客网站需要努力吸引并留住高水平的威客。

再次，相对于实体交易，网购本身就存在巨大的信用风险，而在网购交易的所有类型当中，虚拟物品的交易对诚信的要求最高，所以交易的安全和诚信是猪八戒网需要重视的环节，另外，由于威客交易的成果都是智慧成果，所以猪八戒网还需要完善对任务内容的知识产权保护，避免虚假交易和欺诈行为。

比如任务发布者征集一个店铺的名字，网站就要把所有竞标者的作品展示给任务发布者，而任务发布者可能看中了某个作品，但是发布者可以自己注册一个小号，交易时选择这个小号的答案，这样既占有了别人的成果，又不用为此付款，而被侵权者也毫无办法。

这个问题几乎是所有威客网站面临的最大难题，并且还没有很好的解决方案。如果是 Flash、录音、网页等作品类的任务，威客网站还可以规定威客先完成一半的任务量，此时敲定最终选择，入选的威客继续完成另一半作品，这样既节约了其他竞标者一半的时间和精力，又避免了发布者的交易欺诈行为，但是诸如起名这样的任务还是没有办法避免剽窃。

5. 猪八戒威客网的发展规划

信息社会时代，知识和创意可以改变世界，当然也可以带来财富。猪八戒网为企业和人才架起了一个沟通的桥梁，提供了一个公平、公开、公正的交易平台，在这里，人们可以在最短的时间里将自己的知识和创意变现为切实的财富，企业也可以通过高效的交易获得更好的任务解决方案。

同样，才华成为唯一的考量标准，不论性别、年龄、职业、背景，只要有才，都可以找到发挥的舞台，同时增长知识、实现价值。在这个意义上说，猪八戒网不仅体现了企业和人才之间的互惠互利，还在很大程度上实现了精神层面的互益。

早先，猪八戒网的威客群体大都来源于在校学生和中青年的 IT 从业人员，随着近几年互联网行业的发展，建筑、旅游、金融、房产、服务等行业也开始了信息化，因而威客群体也拓展到了更多的行业。目前，猪八戒网获得了越来越多的认同，对社会的影响力也越来越大，威客逐渐成为一种常见的社会生活方式，也是一种重要的财富创造手段。

在威客这个行业刚刚起步的时候，完全没有规模可言，也得不到市场的认可，然而现在，威客市场越来越大，前景越来越好，而猪八戒威客网也取得了令人惊讶的成功，成为整个行业当之无愧的领袖。无论在哪一个行业，作为行业领袖的企业总是更容易获得资本市场的青睐，获得多次融资的猪八戒网，也为未来制定了新的发展规划：

1）猪八戒网将坚持做威客行业的垂直型门户，将交易内容拓展到经济、文化、教育、娱乐等各大行业，在全国，猪八戒网计划在各大城市设立分部，根据各地的产业特点，分别发展不同方向的业务。

2）猪八戒网将丰富平台的内容，融合威客、博客、播客等多种要素，借助现在的网络体系和物流体系，发展成为复合型、兼容型的网络媒体平台，多方位、全角度地为人们的工作、娱乐、生活提供更全面的优质服务。

3）猪八戒网有志于整合业内的所有资源，建立威客行业最大的搜索引擎，从而实现整个行业所有信息资源的汇聚，为人们提供更全面更高效的搜索服务，这样不仅拓展了经营范围，增加了新的收入项，还有助于增强猪八戒威客网的影响力，更有利于主题网站的发展。

第三节　一品威客网：整合创意资源，众包撬动商业未来

1. 让创意与市场实现无缝对接

威客网的出现为互联网领域的发展增添了浓重的一笔，不仅为各行各业的业务发展提供了便利，还极大地满足了企业和个人的需求，同时也为企业的发展创造了有利的条件。

从历史的发展长河来看，人类的进步总是伴随着伟大创意的产生，从中国四大发明的产生到蒸汽机的改造，再到电灯、电脑的发明……各种各样的独立创意已经演化成一种经济形态。创意产业的出现不仅是一个国家和地区新的经济增长点，同时也是其他产业发展的重要力量，推动了整体经济的发展。

总部位于福建厦门的“一品威客”就是一个专业的创意产品和服务交易电子商务平台，主要是为国内外的各种机构、企业组织、社会团体和个人提供有关创意产品和服务的交易。此外，一品威客还推出了工业设计品牌馆，聚集了众多知名的企业，将创意工业设计业务与工业设计人才实现了对接。

经济的飞速发展，使得国内二、三线城市产生了越来越多的设计需求，在这种情况下，二、三线城市人才比较贫乏的设计市场明显满足不了日益膨胀的需求，阻碍了其在更高层次上的发展，而“一品威客工业设计品牌馆”的成立可以帮助企业主解决这个问题，让他们可以更方便地得到专业人士的

图：一品威客网界面

帮助，获得更高端的解决方案。

一品威客工业设计品牌馆刚一上线就受到了业内外人士的广泛关注，现在在这个品牌馆中已经聚集了众多优秀的企业和机构。

比如深圳市融一工业设计有限公司，在2012年的时候获得了G－mark优良设计大奖，这也是当时深圳市第一家获得此项荣誉的设计机构；深圳智造工业设计有限公司也是国内一家专业的工业设计公司，这个公司是由拥有丰富工作经验的中国大陆和中国台湾设计师合作创立的，并为众多的客户提供了完美的设计作品。

旋风设计是一个高品质的产品设计工作室，其位于“白色家电之都”佛山，拥有多年有关家电和其他领域的产品设计经验，在旋风设计中还拥有各个领域比较资深的设计师，自创立以来已经设计了上百件比较成功的上市作品，拥有几十项产品设计专利，在业界享有较高的声誉。

一品威客工业设计品牌馆聚集了一大批优秀的设计公司和设计师，可以满足客户多方面的需求，为他们提供满意的作品。一品威客工业设计品牌馆秉持“公开、公正、平等、分享和开放”的原则，解决了设计资源分配不均的问题，让二、三线的中小企业也能借助最专业的设计人才获得最佳的设计作品。同时，一品威客工业设计品牌馆也让海峡两岸的创意和设计人员以及有需要的用户可以在平台上进行自由的交易。

一品威客建立工业设计品牌馆就是希望能借助互联网的作用让需求方和供应方更好地匹配起来，让有需求的企业和用户找到完美的解决方案，让设计企业可以接到更多的单，赚更多的赏金，进而推动产业的发展。

2. 工业设计品牌馆背后的逻辑

一品威客花重金打造工业设计品牌馆是为了迎合市场需求，比如曾有企业主在一品威客平台上发布任务征集一套完整的工业产品外观设计以及产品策划推广等一系列的方案，任务金额为 30 万，而这也就意味着国内工业行业的企业主们有比较迫切的创意需求，他们期待能获得更完美的创意设计，同时他们也愿意为这些创意买单，对设计企业来说这就是一个重要的机遇，从而也使得一品威客网萌发了做工业设计品牌馆的想法。

一品威客工业设计品牌馆既有来自“中国设计之都”深圳的众多优秀的工业设计企业，还有来自北京、上海等一线城市的知名设计公司，此外也有来自港澳台地区的创意设计企业和机构入驻品牌馆。

工业设计品牌馆的打造最初是为了满足企业主对高端创意设计的需求，但是从一品威客综合发展的角度来看这只是其战略的第一步，未来一品威客会与更多的行业进行接触，将更多优秀创业企业纳入品牌馆，从而为更多有需求的企业主找到最佳的解决方案。

迄今为止一品威客已经拥有400多万的注册会员，是国内首家全免费的威客平台，也是备受雇主和威客信赖的威客网站，一品威客提供的服务包括应用设计、网站开发、文案策划、建筑设计、软装设计、网络营销、商业服务等多种内容。

国内知名的饮料企业河北承德露露股份有限公司在一品威客发布过一条征集广告语的任务，赏金为2000元，“承德露露”对广告语提出了一系列要求，如广告语的字数要控制在12字以内（包括标点符号）、以简体中文为主，广告语要符合露露品牌及杏仁露的产品特点，便于传播，不能产生任何负面联想和含义等。

承德露露希望能通过广告语的设计提升露露杏仁露的品牌形象，将杏仁露的产品特点更好地展示在消费者面前。任务在发布不久之后就获得众多威客的关注，在距离截稿日期还有半个月的时间里，露露就收到了194件投稿作品，该项任务也受到了近千人的关注。

为什么会有企业愿意花钱来征集广告语？事实上这本该是公司内部文案写作的一项内容，但是因为有限的创意常常使公司的广告语不尽人意，文案写作者不仅要有良好的文笔功底，还要有自己的创意。而一品威客平台上聚集着众多这样的人才，可以让企业主们在平台上找到更富创意的文案。

3. 构建中国最具价值的创意交易平台

一品威客是中国最具价值的创意交易平台，平台上聚集了大量优秀的创意人士，他们来自全国各行各业。客户在平台上不需要担心自己的需求没有威客看到和关注，只要客户在平台上发布任务需求就能得到成百上千个威客的关注和投稿作品，最终从中挑选出令人满意的作品即可。

张先生是一家家具公司的员工，主要的职责就是开展网络方面的品牌设计。前段时间公司有一个新品的采购会，需要对这个采购会进行相关的宣传工作。于是张先生想到了可以利用威客网站进行宣传，在经过了认真的对比之后张先生选择了在威客行业中排名比较靠前的一品威客，并在一品威客上发布了两个招标任务，任务的内容就是聘请威客为企业的宣传工作撰写相关的文章，并对文章的写作提出了多方面的要求。

在任务刚发几天之后，张先生就收到了很多作品，这些独具创意、逻辑严谨、写作时间及时、费用还低的作品，让张先生大为赞赏，并表示以后还常来一品威客聘请威客。

张先生认为一品威客为雇主和威客提供了一个良好的平台，雇主可以在上面找到最满意的解决方案，而威客可以在上面通过完成任务的形式赚取相应的赏金，可谓是互利共赢。一品威客的出现让自由从业者和需求者之间实现了对接，双方可以在平台上进行自由的交易。

朱先生是一家工作室的负责人，主要经营的业务是电子商务，前段时间他准备注册一家公司，但是一直没有想好公司的名称，就决定在网上进行征集。于是，朱先生在一品威客上发布了此任务，并悬赏 100 元，最后在一品威客上共征集到 72 个作品。

朱先生之所以会选择在网络上征集公司名称，主要原因在于个人的力量比较薄弱，时间比较仓促，如果仅凭个人的话可能不会想到令人满意的名字，但是利用互联网就不一样了，在一品威客上聚集了一批有才华的人，他们可以为自己提供更多的选择，同时价格也比较便宜。在此次征集活动中中标的威客提供的作品做了整整8页的WORD文档，并且在每一个名称后面都会加上相应的配图和解释，朱先生对此感到很满意。

现在很多人在有文案写作需求的时候都选择在一品威客上发布任务，一品威客为什么会受到这么多人的欢迎，主要原因在于：

1）一品威客的品牌影响力和品牌信誉。

一品威客是专业的创意产品和服务交易的电子商务平台，成立于2010年7月，在经过了几年的发展以后已经成为了国内威客行业的代表性品牌。一品威客采用创新的商务模式和运营手段，致力于为客户提供极致的服务和体验，在威客行业中享有较高的信誉。

2）一品威客上拥有众多优秀的威客人才。

在一品威客平台上拥有400多万名威客，其中不乏很多优秀人才，现在一品威客上的首席文案“半亩荷塘”就是一个典型代表，擅长文案写作、取名、设计广告语等，并成功获得了几百个任务，不仅为有需求的企业和个人提供了良好的服务，同时也让自己获得了一定的经济回报。

在一品威客上还有很多优秀的威客，他们有的是专业的文案写作工作者，有的是作家协会的成员，也有的是文案写作的爱好者，在文案写作上，一品威客可以说是云集了来自各个渠道的高手，为有需求的客户提供了更丰富的选择。

3）一品威客为客户提供服务保障。

为了让交易双方可以更加放心地进行交易，一品威客还开通了诚信保障服务，诚信保障服务是指威客在接受任务的时候需要预先向一品威客缴存一定的保证金（一般不低于 2000 元），如果威客不能按要求完成接收的任务，一品威客会冻结威客的保证金，并从中扣除相应的保证金对雇主进行补偿。

威客在做任务的过程中要向雇主承诺“保证完成、保证售后、保证原创”。一品威客网站也会向雇主提供正规的发票，让雇主享受到最真诚的保障服务。

4）一品威客提供低成本的服务。

任务发布者在一品威客上发布文案写作任务的时候价格可以由发布者自己来定，一般来说最低 50 元就可以发布需求，这样可以为发布者节省大量的成本，同时也可以在低成本的情况下获得更多的选择，从中选出最满意的作品。

在一品威客中有专门的文案频道，专门提供有关取名、创意祝福、策划、歌曲等多方面的服务。只要有需求的客户在一品威客上发布任务，就有可能得到众多威客的关注，收到富有创意的作品。